Lutz van Dijk
ZU KEINEM EIN WORT!

Lutz van Dijk

ZU KEINEM EIN WORT!

Überleben im Versteck

Die Geschichte der Cilly Levitus-Peiser

ELEFANTEN
PRESS

ELEFANTEN PRESS

Herausgegeben von Marion Schweizer

ELEFANTEN PRESS gehört zu den
Kinder- & Jugendbuch-Verlagen
in der Verlagsgruppe Random House
München Berlin Frankfurt Wien Zürich
http://www.elefantenpress.de

Umwelthinweis:
Dieses Buch wurde auf chlorfrei gebleichtem Papier gedruckt

Gesetzt nach den Regeln der Rechtschreibreform
1. Auflage 2002
© 2002 ELEFANTEN PRESS / C. Bertelsmann
Jugendbuch Verlag, München
in der Verlagsgruppe Random House GmbH
Alle Rechte vorbehalten
Umschlagbild: Tobias Berger
Umschlagkonzeption: Atelier Langenfass, Ismaning
Gestaltung, Satz, Lithografie: Agentur Siegemund, Berlin
Druck: GGP Media, Pößneck
ISBN 3-570-14627-8
Printed in Germany

Dieses Buch ist den Kindern
von Cilly Levitus-Peiser gewidmet:
Rina und Benny

INHALT

Der verliebte Nazi 9

In der Mitte der Straße 23

Die Nacht der Flammen 36

Abschied 51

Heimweh 67

Erwachsen sein 83

Abgeholt 99

Jakov 116

In der Höhle des Löwen 131

Untergetaucht 148

Wie lange noch? 165

Blinder Passagier 180

»Ich bin Cilly«
(Nachwort von Cilly Levitus-Peiser) 195

ANHANG
Ein besonderes Mädchen,
eine ungewöhnliche Frau
(Nachwort von Helga Krohn,
Jüdisches Museum, Frankfurt am Main) 203

Lebensdaten 205

Anmerkungen 212

Literatur- und Bildnachweis 221

Danksagung 223

DER VERLIEBTE NAZI

Musik, tanzende Menschen, irgendwo in einer kleinen Stadt in Osteuropa. Es ist ein besonderes Fest: eine Hochzeit. Eine jüdische Hochzeit mit Rabbi und verschleierter Braut und zertretenem Glas unter einem Tuch. Alle Blicke sind auf das junge Brautpaar gerichtet. Wie sehen sie aus? Ob sie glücklich sind? Oder ist es wieder nur eine Ehe, die die Eltern wollten, eine lang verabredete Sache aus praktischen Beweggründen, bei der das Mädchen und der Junge kaum nach ihrer Meinung, geschweige denn Liebe, gefragt worden sind?

Es ist so lange her, dieses Fest. Von denen, die da tanzten und lachten und durcheinander redeten, lebt kein Einziger mehr. Aber ohne diesen Tag hätte es mich nicht gegeben. Ohne diesen Tag wäre die Geschichte, die ich erzählen möchte, nicht geschehen. Und obwohl es auch eine dramatische und gefährliche und ernste und traurige Geschichte ist, beginnt sie doch mit etwas ganz Sanftem und Zärtlichem: mit Liebe. Oder besser gesagt, mit dem Anfang einer Liebe. Der ersten Verliebtheit.

Ob das Brautpaar verliebt war? Keine Ahnung. Die waren so aufgeregt, dass es keiner von den angereisten

Verwandten genau herausbekam. Aber auf der Hochzeit waren noch zwei andere junge Leute, die einander hier begegneten und den ganzen Tag kaum noch die Blicke voneinander abwenden konnten. Die irgendwann gar nicht mehr auf das Brautpaar achteten, sondern nur noch darauf, wie sie zueinander kommen könnten, ohne dass sofort darüber getratscht würde. Sie wollten sich um Himmels willen nicht wieder aus den Augen verlieren, ohne wenigstens ein paar persönliche Worte gewechselt zu haben.

Der junge Mann war höchstens Mitte zwanzig, sah gut aus, hatte eine schlanke, sportliche Figur und trug einen modern rasierten Schnurrbart. Seine dunklen Haare waren glatt zurückgekämmt. Aufgefallen waren Regina zuerst seine vollen, weichen Lippen. Sie mochte keine Männer, die so militärisch verkniffen in die Welt schauten. Bei ihm aber glaubte sie, etwas Mutiges und Unangepasstes zu entdecken. Das gefiel ihr. Bislang wusste sie nur, dass er der älteste Bruder der Braut war.

Sie selbst war gerade achtzehn geworden. Zweimal schon hatte sie in ihrem bisherigen Leben geglaubt, verliebt zu sein. Aber es hatte sich beide Male als Irrtum herausgestellt. Eigentlich hatte sie gar nicht genau gewusst, wie das war, verliebt zu sein. Niemand sprach offen darüber. Angeblich geschah es einfach so – und für manche bedeutete es dann das größte Glück und für andere das größte Unglück. Sie hoffte natürlich, dass sie zur ersten Gruppe der glücklich Verliebten gehören möge. Deshalb hatte sie sich jedes Mal gefragt: Kann ich mit dem Mann wirklich glücklich werden?

10

Darüber hatte sie sich dann so lange den Kopf zerbrochen, bis sie am Ende dachte, dass es wohl nicht Liebe sein könne, wenn man so schrecklich darüber nachgrübeln müsse.

Bei dem Bruder der Braut, von dem sie bisher so gut wie gar nichts wusste, dachte sie überhaupt nicht. Sie wollte ihn am liebsten immer nur anschauen. Und ihm nahe sein. Ihn vielleicht ein einziges Mal berühren. Einmal stieß ihre beste Freundin sie an und zischte ihr zu: »Ist dir schlecht? Du stehst nur rum und starrst vor dich hin.« Aber sie starrte gar nicht vor sich hin. Sie schaute, wenn auch so unauffällig wie möglich, unablässig zu dem jungen Mann hinüber.

Und dann geschah es: Der junge Mann, der schon ein paar Mal vorsichtig, aber ohne zu lächeln, zurückgeschaut hatte, unterbrach plötzlich das Gepräch mit einem älteren kahlköpfigen Herrn und kam direkt auf sie zu. Als er unmittelbar vor ihr stand, deutete er eine Verbeugung an und sagte mit einer ungewöhnlich tiefen Stimme: »Darf ich Ihnen ein Getränk holen?«

Regina schluckte und bekam kein Wort heraus. Sie schaute ihn an und schluckte erneut. Dann nahm sie all ihren Mut zusammen und antwortete: »Ich möchte lieber tanzen. Und Sie?«

Sie tanzten den ganzen Abend. Geredet haben sie dabei nur wenig. Aber am nächsten Tag, als Regina mit ihrer Familie im Zug zurück nach Wien fahren musste, da wusste sie immerhin, dass er nicht Schneider werden wollte wie sein Vater und sein Großvater, sondern dass er am liebsten die Welt kennen lernen und in Berlin damit beginnen wollte. Während der langen Eisenbahnfahrt, als die anderen, noch müde vom Feiern, in ihren Sitzen dösten, war Regina hellwach. »Das ist er! Auf so einen Mann habe ich gewartet!«, dachte sie. In der Hand hielt sie einen kleinen Zettel mit seiner Anschrift. Das Papier war zerknittert und die Tinte an einer Stelle verlaufen, aber sie konnte noch deutlich die Worte lesen, die er unter der Adresse für sie notiert hatte: »Ich will dich unbedingt wieder sehen! Dein Nazi.«

Dieser verliebte junge Mann war mein Vater. Eigentlich hieß er Ignatz, aber alle Freunde nannten ihn Nazi. Das Wort hatte damals noch keine andere Bedeutung als die freundliche Abkürzung seines Vornamens. Regina war meine Mutter. Und ich erinnere mich, wie stolz sie später zu mir gesagt hat: »Dein Vater und ich – wir haben aus Liebe geheiratet!«

Bis ich Abschied nehmen musste von ihr, 1938, nach der Pogromnacht der Nazis in Deutschland, hat sie die ersten Liebesbriefe von meinem Vater bewahrt, alle unterschrieben mit: »In Liebe, dein Nazi.« Erst nachdem die deutschen Nazis unser Waisenhaus in Frankfurt gestürmt hatten, las sie mir einige der Briefe vor. In einem stand: »Ich soll das reichste Mädchen aus unserer Stadt heiraten. Aber das werde ich auf keinen Fall. Ich liebe nur dich!« Wenig später hat sie alle Briefe von ihrem geliebten Mann vernichtet. Sie sollten nicht den Nazis in die Hände fallen. Im November 1938 war das, ein Monat nach meinem dreizehnten Geburtstag.

Meine Eltern waren sehr glücklich miteinander. Mein Vater verwirklichte noch als junger Mann seinen Traum und reiste nach Berlin, wo er sich einen Strohhut

Ignatz Levitus (27) und seine Frau Regina (20) in Frankfurt am Main 1922, drei Jahre vor Cillys Geburt.

kaufte, mit dem er sich später stolz fotografieren ließ. Meine Mutter mochte dieses Foto sehr. Aber der Rest der Weltreise hat nie mehr stattgefunden.

Nach ihrer Heirat verließen sie ihre kleine Stadt in jenem Teil des Landes, das 1918 zur Tschechoslowakei geworden war. Sie zogen nach Frankfurt am Main, um dort ihr Glück zu suchen. Doch behielten sie ihre tschechische Staatsangehörigkeit, sodass auch wir vier Kinder als Ausländer in Deutschland geboren wurden. 1924 kam zuerst meine ältere Schwester Hanna auf die Welt und 1925 folgte ich. Jutta wurde 1928 in Straßburg geboren, wo meine Eltern vorübergehend eine koschere Pension führten. Unser kleiner Bruder Josef

13

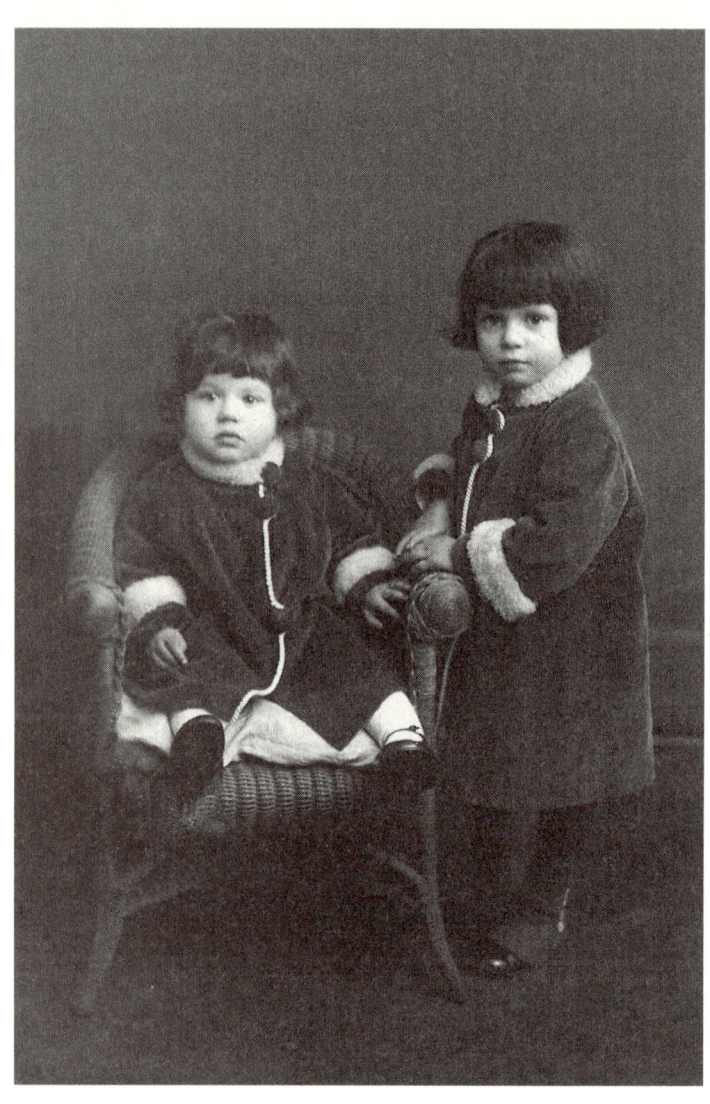

Cilly (links), ein Jahr alt, und Hanna (rechts)
1926 in Frankfurt am Main.

kam 1930 wieder in Frankfurt zur Welt, wohin unsere Familie inzwischen zurückgekehrt war.

In den ersten Jahren hatten meine Eltern keine finanziellen Sorgen. Mein Vater konnte mit den mitgebrachten tschechischen Kronen, die gut im Kurs standen, sogar mehrere Häuser in Frankfurt kaufen. Deren Verwaltung ermöglichte zunächst richtigen Wohlstand. Aber er war leider kein guter Geschäftsmann. Er begann, mit Aktien zu spekulieren. Nach dem großen Börsenkrach am ›Schwarzen Freitag‹ 1929 verlor er über Nacht allen Besitz. Plötzlich herrschte große Not bei uns daheim. Aus dem großen Haus mussten wir in eine kleine Wohnung umziehen.

Als meine Mutter auch noch mit Josef schwanger wurde, schickten meine Eltern mich für eine Weile zu den Großeltern, die im ungarisch sprechenden Teil der Tschechoslowakei lebten. Dort gefiel es mir sehr. Ich war das einzige Kind und Oma und Opa verwöhnten mich von morgens bis abends. Am schönsten waren die Schabbat-Feiern am Freitagabend. Die ganze Woche bereiteten wir uns darauf vor. Im Garten gab es eine kleine Laube, die für mich zum großen Puppenhaus wurde. Dort schmückte ich ebenso wie im Wohnzimmer der Großeltern alles für den Schabbat, deckte einen kleinen Tisch und durfte sogar zwei Kerzen anzünden.

Ich war fünf, als ich 1930 zu meinen Eltern und Geschwistern nach Frankfurt zurückgeschickt wurde, und sprach nur noch Ungarisch. Die deutsche Sprache hatte ich so gut wie vergessen. Alles hier erschien mir auf einmal fremd und kalt, meine Mutter und meine ältere Schwester Hanna blieben eigenartig distanziert.

Zuerst habe ich nur geheult und wäre am liebsten sofort zurück zu Oma und Opa gegangen. Aber dann kam mein Vater nach Hause, nahm mich auf den Arm und rief strahlend: »Wie schön, dass du wieder bei uns bist!« Und auf einmal kam es mir schon weniger schlimm vor. Ich hatte keine Ahnung, dass er zu der Zeit bereits sehr krank war. Doch dann war er plötzlich nicht mehr daheim und Mutter, die kurz vor der Geburt mit dem kleinen Josef stand, nahm meine beiden Schwestern und mich mit ins jüdische Spital in der Gagernstraße.

Ich fand, dass es eigenartig roch in diesem Krankenhaus. Und wir Kinder mussten ganz leise sein, weil alle Menschen in Betten lagen und sehr schwach waren. Auch Vater.

Ein paar Mal brachten wir ihm kandierte Früchte mit, die er sonst immer so gern gegessen hatte. Aber er rührte sie kaum an, sah schrecklich abgemagert aus und sagte kaum etwas. Ich fragte Mutter, wann er denn endlich wieder nach Hause käme, und sie antwortete: »Bald.«

Tatsächlich kehrte er nach Hause zurück, aß kandierte Früchte und bekam wieder etwas Farbe im Gesicht. Nur sein Husten und die Atemnot wollten nicht verschwinden.

Dann wurde Josef geboren und Vater freute sich mit uns und lachte und hustete immer abwechselnd. Ein paar Wochen später musste er wieder ins Spital. Als ich wissen wollte, welche Krankheit Vater habe, entgegnete meine Mutter nur: »Ich will nicht, dass man darüber spricht!« Und schwieg.

16

1931 starb Vater und ließ Mutter mit uns vier Kindern und den Schulden zurück. Hanna kam früher als sonst zu mir in den Kindergarten und sagte ganz leise: »Papa ist tot.« Ich rief erschrocken: »Aber so was darf man nicht sagen!« Ich konnte mir einfach nicht vorstellen, was es bedeutet, dass ein Mensch tot ist – und dann noch mein geliebter Vater. Hanna entgegnete nichts, sondern sah mich nur stumm und traurig an. Und da wusste ich, dass Tod so etwas wie Abschied bedeutet. Dass wir unseren Vater nicht mehr sehen würden. Nie mehr.

Was sollte nun aus uns werden? Mutter hatte nie einen richtigen Beruf gelernt. Aber sie konnte gut kochen und so tauchte irgendwann eine entfernte Verwandte auf, die ihr eine Stelle als Haushälterin bei dem wohlhabenden Fräulein Oppenheimer vermittelte. Diese Verwandte erlaubte meiner Mutter auch, vorübergehend bei ihr einzuziehen. »Aber nicht mit vier Kindern. Höchstens zwei!«

Was blieb meiner Mutter übrig? Sie nahm Josef, den Säugling, und die kleine Jutta mit und brachte Hanna und mich in die Israelitische Waisenanstalt am Röderbergweg. Mir fiel vor allem die Trennung von meiner jüngeren Schwester schwer. Ich liebte Jutta sehr und hatte mich von klein auf um sie gekümmert. Dafür hing ich nun plötzlich mit Hanna zusammen, auf die ich oft eifersüchtig war. Hanna war mit einer Hirnblutung geboren worden und wurde deswegen von den Eltern immer mit besonderer Rücksicht behandelt. Und ich fand, dass sie das ganz schön ausnutzte. Wenn wir etwas gemeinsam angestellt hatten, war immer ich diejenige, die beschuldigt wurde, und Hanna sagte dann nie etwas, sondern schaute nur so leidend. Das fand ich ziemlich gemein.

Im Waisenhaus nun ließ ich mir nichts mehr gefallen, sondern ärgerte Hanna öfter mit den anderen Kindern. Das war meine Rache. Bei den anderen Kindern war ich beliebter als Hanna. Nachts, wenn es dunkel und kalt im Waisenhaus war und eine von uns Mädchen über den langen Flur zum Klo musste, gingen wir immer mindestens zu zweit, weil wir sonst Angst hatten. Und wenn Hanna dastand, mitten in der Nacht in ihrem dünnen Hemd, und rief: »Wer geht mit mir aufs Klo?«, dann antwortete niemand. Niemand wollte mit ihr aufs Klo gehen. Auch ich nicht.

Wie sehr vermisste ich dagegen die kleine Jutta! Manchmal besuchte sie Hanna und mich im Waisenhaus, um etwas zum Naschen vorbeizubringen. Sie sagte: »Hier, das ist von meiner Mutter!« Eine Weile kapierte sie gar nicht, dass das auch unsere Mutter war.

Nach zwei Jahren war die Zeit der Trennung endlich vorüber, als Mutter 1934 eine Stelle als Köchin in unserem Waisenhaus bekam. Josef wurde bei den Jungen untergebracht und Jutta kam zu uns Mädchen. Das war ein Fest für mich! Ich stellte sie allen vor und sagte stolz: »Das ist Jutta, meine kleine Schwester. Wehe, der tut jemand etwas!«

Mutter wohnte anfangs noch nicht bei uns im Waisenhaus. Sie kam morgens zur Arbeit und ging abends wieder weg. Ich hatte sie als ziemlich streng in Erinnerung. Im Waisenhaus war ich sehr selbständig geworden, obwohl ich noch so klein war. Ich ging in die Volksschule und dort hatte ich ebenso wie im Heim inzwischen Freundinnen gefunden und war mir nun gar nicht so sicher, wie es werden würde, wenn Mutter plötzlich wieder alles kontrollierte.

Aber Mutter war bald bei allen im Waisenhaus sehr beliebt und geachtet. Jeder kam mit seinen Problemen zu ihr. Die Kleinen ließen sich von ihr trösten, wenn sie hingefallen waren oder etwas kaputt gegangen war. Die Älteren teilten auch schon mal ihren Liebeskummer mit ihr. Und sie kochte prima.

Ihre eigenen Kinder ermahnte sie: »Ich möchte keine Klagen über euch hören!« Das war natürlich blöd, dass wir immer Vorbilder sein sollten. »Anständige Mädchen« sollten wir werden. Aber da sie von den anderen so geachtet wurde, freute ich mich doch auf ihren Einzug, als sie schließlich ein Dienstzimmer im Obergeschoss des Waisenhauses bekam.

Ich stand schon vor sechs Uhr früh auf, um ihr am ersten Morgen bei der Vorbereitung des Frühstücks für die etwa hundert Kinder im Waisenhaus zu helfen. Ich war stolz auf meine Mutter, als ich sie da in der Küche bei den riesigen Töpfen stehen sah. Dann merkte ich aber, dass sie mich nicht brauchte, weil sie ältere Mädchen zur Seite hatte, die bei ihr Kochen und Haushaltskunde lernen sollten, zur Vorbereitung für ihre Auswanderung nach Palästina. Ich war enttäuscht, ließ mir aber nichts anmerken und zupfte weiter die Johannisbeeren für die Marmelade vom Stängel, als sei nichts geschehen. Ich half ihr auch später noch öfter in der Küche, stand aber nie mehr so früh dafür auf.

19

Nachdem wir uns gewaschen, angezogen und unsere Betten gemacht hatten, gingen wir jeden Morgen in den Speisesaal, wo wir eine halbe Stunde beteten. Die Jüngsten waren sechs und die Ältesten ungefähr siebzehn Jahre alt. Diese halbe Stunden Beten hat mir immer gut gefallen. Das war etwas so Ruhiges und Schönes. Ich mochte auch mein Gebetbuch gern. Die dünnen Seiten fühlten sich gut an und die Schrift war so liebevoll gezeichnet. Die Jungen waren zur gleichen Zeit mit einem Vorbeter in der Synagoge. Wir Mädchen brauchten keinen Vorbeter. Wir machten das selbst, während die Leiterin der Mädchenabteilung, Tante Ella, schon mit anderem beschäftigt war. Danach gab es Brötchen und Kakao und dann ging's in die Schule.

Auch die Schule war, wie das Waisenhaus, Teil der ›Israelitischen Religionsgemeinschaft‹, die frommer als die anderen leben wollte und sich von der jüdischen Gemeinde Frankfurts getrennt hatte. Ich habe darüber nicht groß nachgedacht, es war einfach normal, weil es alle um mich herum so machten. In der Schule lernten wir von Anfang an Hebräisch und nahmen regelmäßig den jeweiligen Wochenabschnitt aus der Thora durch. Am besten fand ich die Geschichten, die als Erklärungen zur Thora erzählt wurden – von irgendwelchen Gelehrten aus fernen Ländern, die alle möglichen Abenteuer zu bestehen oder Rätsel zu lösen hatten. Am Freitagabend, dem Beginn des Schabbat, wurde dann im Waisenhaus gefragt: »Wer kann eine Geschichte erzählen?« Und ich rief sofort: »Mach ich!« Die anderen Mädchen hingen an meinen Lippen. Manchmal erfand ich auch ein bisschen was dazu, doch ich dachte, das

Hinten: Die zehnjährige Hanna (hinten links) und Cilly (9 Jahre, rechts)
mit ihren jüngeren Geschwistern Jutta und Jossel 1934.

werde der liebe G"tt schon verstehen. Denn wenn es langweilig wird und niemand mehr zuhört, hat er ja auch nichts davon.

Die Schreibweise G"tt ist übrigens kein Druckfehler, sondern gehört zu unserem Glauben. Das geschieht aus Achtung gegenüber dem Ewigen, dessen Namen man nicht aussprechen und von dem man sich auch kein Bild machen darf, wie es schon Moses und sein Bruder Aaron mit dem goldenen Kalb in biblischen Zeiten hatten lernen müssen.

Dass im Januar 1933 die Nazis mit ihrem ›Führer‹ Adolf Hitler in Deutschland an die Macht kamen, habe ich anfangs gar nicht mitbekommen. Ich war da gerade sieben Jahre alt, immer noch eifersüchtig auf Hanna, und ansonsten vor allem damit beschäftigt, Freundinnen im Waisenhaus zu finden.

IN DER MITTE DER STRASSE

Zu Chanukka, unserem Lichterfest im Dezember, schenkte Mutter Hanna und mir je eine Puppe. Sie hatte die beiden aufs Bett gelegt: Eine mit weißer und eine mit schwarzer Haut. Wir durften uns aussuchen, welche wir haben wollten. Ich rief, ohne nachzudenken: »Ich möchte die mit dunkler Haut!« Hanna war glücklich mit der hellen Puppe. So war es immer: Mich reizte das Neue, Unbekannte, Ungewöhnliche, während Hanna lieber auf Nummer Sicher ging.

Bei uns im Waisenhaus arbeiteten viele christliche Dienstmädchen, oft junge Frauen aus den umliegenden Dörfern, die froh waren, hier Arbeit zu finden. Unser Heimleiter und seine Frau, Onkel Isidor und Tante Rosa,[1] behandelten sie genauso wie die jüdischen Angestellten. Manche hatten zu Weihnachten nicht genug Geld, um nach Hause zu fahren. Dann blieben sie über die Feiertage im Heim und Onkel Isidor begleitete sie am Klavier, wenn sie christliche Weihnachtslieder sangen, damit sie sich nicht so allein fühlen sollten. Eine von den Dienstmädchen mochte ich besonders gern, Lisa. Wir redeten nicht viel, aber schauten einander oft an und dann lächelte sie. Ich wusste nicht viel über

Christen, außer dass sie irgendwie anders waren als wir. Lisa war die erste Christin, die ich näher kennen lernte.

Einmal war meine schwarze Puppe heruntergefallen und kaputt gegangen. Sogar ihr Kleid war zerrissen. Es war schrecklich. Zu allem Unglück verschwand sie kurz darauf ganz. Ich suchte sie überall. Am Sonntagabend lag sie dann plötzlich wieder auf meinem Bett. Sie war repariert und trug obendrein ein neu gehäkeltes Kleid.

Chanukka 1935: Die Jungen der Israelitischen Waisenanstalt in Frankfurt am Main entzünden die Kerzen mit Onkel Isidor, dem Heimleiter (links).

Ich schloss sie überglücklich in die Arme. Auf ein Mal stand Lisa hinter mir und lächelte schüchtern, ohne ein Wort zu sagen. Da wusste ich, dass sie die Puppe mitgenommen und für mich heil gemacht hatte. Am liebsten hätte ich sie umarmt, aber ich traute mich nicht. So lächelte ich zumindest dankbar zurück.

Im Waisenhaus waren auch polnische Kinder. Sie kamen meist aus ärmeren Verhältnissen als die deutschen. Viele sprachen nicht gut Deutsch. Manchmal gab es Streit zwischen den deutschen und den polnischen Kindern. Ich war froh, dass ich mich raushalten konnte, denn ich war ja noch immer tschechisch. Aber meine Sympathien waren meist bei den polnischen Kindern. Die waren nicht so eingebildet, fand ich. Oft waren sie frecher, aber auch herzlicher. Und manchmal machte ich eben auch noch einen Fehler in der deutschen Sprache wie sie.

Im Heim lernten wir jeden Nachmittag mit Tante Ella englische Lieder oder Spiele und lasen englische Bücher, da viele von uns hofften, später einmal nach Palästina auswandern zu können. Als ich meinem Lehrer in der Schule davon erzählte, wies er mich streng zurecht: »Lern du erst mal richtig Deutsch!« Ich war tief beleidigt, weil ich fand, dass mein Deutsch gut genug war.

Immer öfter sprachen wir davon, wie denn das Leben in Palästina sei und wie unsere Zukunft dort einmal aussehen sollte. Aber wir hörten auch von anderen Plänen. Ich erinnerte mich, wie mein Vater früher, als er noch Geld hatte, Freunden half, nach Amerika auszuwandern. Später war daran für uns selbst nicht mehr zu denken. Einmal fragte ich meine Mutter: »Warum gehen wir dann nicht zurück in die Tschechoslowakei?« Ich wusste, dass sie noch den grauen tschechischen Pass besaß. Aber sie antwortete nur: »Denkst du, dass man dort auf uns wartet?«

Zwischendurch vergaß ich diese Gespräche über Weggehen und Auswandern wieder. Im Sommer machten wir oft Ausflüge in den Taunus. Wir nahmen Proviant in kleinen Rucksäcken mit und wanderten in Gruppen unbeschwert durch die Natur, sangen Lieder,

Ein Ausflug des Waisenhauses mit dem ›Roten Radler‹ ins Grüne, Sommer 1937. Die drei Schwestern sind mit ihren Zöpfen gut zu erkennen: Cilly (oben links), Hanna (oben Mitte), Jutta (unten rechts), links daneben Jossel (mit Mütze).

machten Pausen zum Essen oder Spielen und kehrten abends erschöpft, aber glücklich zurück ins Heim. Zuweilen wurde dann ein Lastwagen gemietet, der uns aus der Stadt hinausbrachte. Das Besondere an diesen Ausflügen war, dass Mädchen und Jungen etwas zusammen unternahmen. Die Speditionsfirma, bei der man den Lastwagen bestellen konnte, hieß ›Der rote Radler‹ und so nannten wir auch unser Ausflugsauto.

Einmal näherten wir uns bei so einem Ausflug einem Lokal in einem kleinen Dorf. Es war schon Nachmittag. Die wenigsten hatten noch etwas zu trinken dabei und so lud uns Tante Ella übermütig zu einem Glas Apfelmost ein. Ausgelassen setzten wir uns an die Tische und Stühle im Vorgarten des Lokals. Tante Ella ging hinein, um zu bestellen. Einen Moment später kam sie mit einem ernsten Gesicht wieder heraus und sagte leise: »Hier wollen wir nichts trinken!« Erst jetzt fiel mir auf, dass alle anderen Gäste uns unfreundlich musterten. Am Eingang des Lokals stand ein Pappschild, auf das jemand von Hand in Druckbuchstaben geschrieben hatte: »JUDEN UNERWÜNSCHT!« Keiner von uns hatte es vorher bemerkt.

Kurz darauf begann es auch auf dem Weg zur Schule. Inzwischen besuchte ich die Samson-Raphael-Hirsch-Schule gleich gegenüber vom Tiergarten. Immer öfter lauerten uns jetzt Schüler von umliegenden Schulen auf. Schon vor 1933 hatten die geschrien: »Jud – scheiß in die Dutt!« Und wir hatten zurückgerufen: »Christ – scheiß in die Kist!« Aber jetzt fingen sie auch an zu

Bleibt immer unser liebes Vis-à-vis!

FÜR UNSERE S. R. HIRSCH-SCHULE!

Eine Schülerzeichnung aus der Samson-Raphael-Hirsch-Schule aus dem Jahr 1929. Der Schüler lässt die Tiere aus dem nahegelegenen Zoo freundliche Worte sagen.

schubsen und zu schlagen. Meistens waren es ältere Jungen, da hatten wir jüngeren Mädchen keine guten Karten. Mit meiner Freundin Edith überlegte ich immer neue Strategien, wie wir sicher von der Schule zurück ins Heim kommen könnten.

Mutter riet: »Wenn die hinter dir her sind, dann stell dich einfach vor irgendein Wohnhaus und ruf laut: ›Mama, komm runter, schnell!‹ Dann werden die schon abhauen.«

»Gute Idee!«, fand Edith.

28

Kaum hatte ich am nächsten Tag das Schulgebäude mit ihr verlassen, als schon wieder vier Jungen, höchstens ein oder zwei Jahre älter als wir, uns den Weg versperrten.

»Ihr stinkt!«, rief der Kleinste von ihnen.

Edith und ich sagten nichts. Wir gingen nur weiter nach links auf dem Bürgersteig, um irgendwie an ihnen vorbeizukommen. Da hielt mich der Größte von ihnen am Arm fest und meinte grinsend: »Pack deinen Dreck – dann biste weg!« Die anderen lachten.

Ich wusste nicht, was daran komisch sein sollte. Weder stanken Edith und ich, noch waren wir dreckig. Da nahm ich all meinen Mut zusammen und schrie: »Ihr seid so blöd! Und dann noch feige – vier gegen zwei!«

Plötzlich grinste der Große nicht mehr: »Willst wohl auch noch frech werden, was?« Und schon hatte er mir eine schallende Ohrfeige verpasst. Ich fühlte, wie meine Wange zu glühen begann. Edith schaute nur zu Boden und sagte nichts. Dann packte sie mich mit einem Mal am Ärmel und riss mich mit sich zur Mitte der Straße. Ein Auto bremste quietschend unmittelbar vor uns. Der Fahrer hupte und schrie uns etwas durch die Scheibe hinterher. Aber Edith und ich rannten einfach weiter, so schnell wir konnten. Wir liefen ohne anzuhalten bis zum Eingang unseres Waisenhauses. Direkt hinter dem Tor auf dem Hof blieben wir schwer atmend stehen.

»Wenn der Messias kommt, wird es denen schlecht ergehen!«, keuchte Edith. Daran hatte ich bisher noch gar nicht gedacht. Edith hatte oft gute Einfälle.

»Wir haben gar nicht probiert, uns vor ein Haus zu

stellen und nach einer Mutter zu rufen«, meinte sie, als wir wieder zu Atem gekommen waren, aber immer noch im Hof standen und uns den Schweiß aus dem Gesicht wischten. Den Handabdruck des Jungen spürte ich noch immer auf der Wange.

»Meinst du, das hätte die beeindruckt?«, fragte ich zweifelnd.

»Weiß nicht«, erwiderte sie unsicher.

Wir beschlossen, auf dem Schulweg von nun an so weit wie möglich in der Mitte der Straße zu gehen, weil wir dann am besten weglaufen könnten, wenn uns wieder christliche Schüler in die Quere kämen. Den Erwachsenen wollten wir nicht jedes Mal von unserer Angst auf dem Schulweg erzählen. Sie waren danach nur ebenfalls traurig, aber konnten offensichtlich selbst nicht viel machen. Ich fragte Mutter an jenem Abend nur, ob sie nicht doch mal unseren Verwandten in der Tschechoslowakei schreiben könne. Nur um sich zu erkundigen, wie das Leben dort so sei.

Ein kleiner Trost für mich war, dass Jutta, meine geliebte kleine Schwester, die zunehmende Bedrohung außerhalb des Heims weniger wahrzunehmen schien als die meisten von uns älteren Kindern. Sie litt mehr darunter, dass sie als Kleinere von älteren Mädchen im Heim oft geärgert wurde. Wenn ich konnte, habe ich sie dagegen immer in Schutz genommen und auf sie aufgepasst. Manchmal erzählte ich ihr Märchen oder Sagen vor dem Einschlafen, in denen immer die Guten siegten. Und wenn ich etwas fand oder erstehen konnte, womit ich ihr eine kleine Freude machen konnte – ein Spielzeug oder ein Bild oder eine Süßigkeit – dann schenkte ich es ihr und freute mich ebenso darüber wie sie. Jutta selbst wurde für mich zu einem Symbol der heilen Welt.

Onkel Isidor und Tante Rosa, die mehr und mehr Kinder im Heim aufnehmen mussten, taten ihr Bestes, unsere Tage so unbeschwert wie möglich zu gestalten. Gleichzeitig bemühten sie sich immer intensiver um Genehmigungen zur Auswanderung für uns, vor allem nach Palästina. Es war anfangs nicht die deutsche Regierung, die die Ausreise verweigerte, im Gegenteil, immer wieder wurde uns draußen entgegengerufen: Haut doch ab nach Palästina! Es waren die Engländer, die in Palästina damals als Mandatsmacht herrschten und nur sehr begrenzt weitere Juden einreisen ließen, um es sich nicht mit den dort lebenden Arabern zu verscherzen. Auch andere Länder, wie die Schweiz oder die USA, nahmen nur wenige jüdische Einwanderer auf.

Viele Wände in den Zimmern und selbst im großen Speisesaal des Heims waren mit beinah lebensgroßen Märchenfiguren bemalt. Oft standen Jutta und ich fasziniert vor diesen Malereien und Jutta zeigte mit dem Finger und fragte: »Cilly, wer ist das?«

Und ich antwortete: »Das ist Schneewittchen.«

Dann gingen wir drei Schritte weiter und Jutta fragte: »Und das?«

»Das ist Aschenputtel.«

Besonders gefiel ihr eine Wand, auf der die Heinzelmännchen herumwuselten. »Gibt es wirklich Heinzelmännchen, Cilly?«

»Na klar!«, antwortete ich ernsthaft. Weil ich sonst

fast nie so ernst sprach, mussten wir plötzlich beide laut loslachen.

»Also nicht!«, rief Jutta.

»Doch!«, entgegnete ich. »Sie kommen aber nur nachts, wenn du schläfst.«

Sie sah mich zweifelnd an und meinte dann skeptisch: »Ich glaube, die schlafen dann auch. Die sind ja noch viel kleiner als ich.«

Irgendwann drang der Schrecken von draußen dann doch in unsere Welt. Er war einfach nicht aufzuhalten, nicht zu besänftigen mit Märchen und Süßigkeiten.

Es begann damit, dass eines Tages plötzlich Polizei ins Haus kam und eine unserer christlichen Dienstmädchen vor unseren Augen verhaftet wurde. Das heißt, wir hatten uns sogar mit dem Gesicht zur Wand stellen müssen, als die Männer unser und noch ein anderes Zimmer durchsuchten. Aber wir schielten doch aus den Augenwinkeln, weil wir unbedingt wissen wollten, was sie suchten und warum sie das Mädchen so grob behandelten und schließlich wie eine Verbrecherin abführten.

Tante Ella hatte sich den Polizisten zweimal in den Weg gestellt und versucht, sie zurückzuhalten. »Meine Herren!«, rief sie immer wieder, »hier sind Kinder! Was machen Sie denn? Meine Herren, ich bitte Sie!« Onkel Isidor war an diesem Morgen nicht da. Aber ob er was hätte ausrichten können?

Als sie weg waren, bestürmten wir Tante Ella: »Was hat das Dienstmädchen denn gemacht?« Ich dachte immer nur: Und wenn sie das nächste Mal Lisa holen?

32

Tante Ella gab eine unmissverständliche Antwort: »Gar nichts hat sie gemacht! Die Polizisten haben sich schlecht betragen.« Aber damit wollten wir uns nicht zufrieden geben. Als Onkel Isidor heimkam und mit Tante Ella gesprochen hatte, bedrängten wir ihn mit unseren Fragen. Endlich sagte er: »Sie hat angeblich einen Freund, der Jude ist. Und das ist ab jetzt verboten in Deutschland.«[2] Ich überlegte lange, ob es für junge Mädchen verboten war, einen Freund zu haben, oder nur, wenn dieser Freund Jude war. Auch Edith war nicht sicher. Aber wir wollten uns nicht blamieren und hörten auf zu fragen. Ich nahm mir vor, Lisa darauf anzusprechen.

Dazu kam es aber leider nicht mehr. Denn wenige Tage nach diesem Vorfall mussten sich alle christlichen Dienstmädchen und anderen nichtjüdischen Hausangestellten von uns verabschieden, weil sie nicht mehr bei Juden arbeiten durften. »Das gleiche Gesetz!«, sagte Mutter bitter. Sie wusste, wie viel Arbeit jetzt auf sie zukommen würde.

Einige der Mädchen weinten beim Abschied. Alles ging so schnell. Onkel Isidor und Tante Rosa standen beim Portal im Hof und gaben jeder persönlich die Hand und bedankten sich für die vielen Jahre, die die Mädchen für das Haus, aber vor allem für uns Kinder gearbeitet hatten.

Als Lisa an der Reihe war, riss ich mich von Mutter los und rannte zu ihr. »Danke, dass du meine Puppe repariert hast!«, rief ich. Lisa versuchte wie damals zu lächeln. Aber ich sah, dass ihr ebenso wie mir Tränen über die Wangen liefen.

Nur ein paar Monate später gab es eine neue böse Überraschung. Als Edith und ich von der Schule heimkamen, erwartete uns Jutta heulend am Tor. Sie zog mich sofort hinauf in den Speisesaal. Edith lief hinterher. Und da sahen wir auch schon die Bescherung. Ein Trupp von Malern war dabei, alle Märchenbilder in den Zimmern und im Speisesaal mit einem langweiligen Grau zu übertünchen. Alle Kinder, die schon aus der Schule zurück waren, sahen ungläubig und traurig zu. Als Edith und ich ankamen, verschwand gerade der letzte Heinzelmann unter einer Schicht Farbe.

Tante Ella versuchte, es uns zu erklären: »Die Männer tun nur ihre Pflicht. Es ist ein Befehl. Das Haus soll vielleicht für andere Zwecke benutzt werden.« Unser Heim? Für andere Zwecke? Was sollte das bedeuten?

Wir sollten es allzu bald erfahren. Onkel Isidor weihte Mutter ein paar Monate später als Erste darüber ein, dass in den Kellern unter der Küche, die ja Mutters Reich war, demnächst Luftschutzkeller für die deutsche Bevölkerung gebaut werden sollten. Er hatte nichts dagegen machen können, obwohl das Haus Eigentum der Israelitischen Religionsgemeinschaft war. »Gemeinnutz geht vor Eigennutz!«, hatte ihn ein Beamter der Stadtverwaltung angebrüllt.

»Aber gibt es denn Krieg?«, fragte Mutter erschrocken. »Wieso denn Luftschutzkeller? Die braucht man doch nur, wenn Bomben geworfen werden?« Meine Mutter war nicht leicht aus der Ruhe zu bringen. Aber jetzt zitterte ihre Stimme.

»Nein, keinen Krieg«, versuchte Onkel Isidor sie zu beruhigen. »Nur Vorsichtsmaßnahmen ...«

Mutter glaubte ihm kein Wort. Das war nur zu deutlich. »Aber warum dann bei uns? Und wenn es wirklich Krieg gibt, dann werden wir bestimmt als Letzte in die Luftschutzkeller dürfen, oder?«

Onkel Isidor war am Ende seines Lateins. »Frau Levitus«, sagte er leise und beinah zärtlich zu Mutter, »dieses Haus ist zuerst für die Kinder da und das wird so bleiben, solange ich hier bin!«

Obwohl Mutter eine stattliche Frau war, die vielen Respekt einflößte, wirkte sie in diesem Moment unsicher neben ihm. Ein so starker Mann mit einem dichten dunklen Bart. Ich vertraute ihm. Grenzenlos.

DIE NACHT DER FLAMMEN

Nur ein paar Tage später kamen die Arbeiter, ein ganzer Trupp. Einfache Leute, lauter Christen. Sie hatten den Auftrag von der Stadtverwaltung, die Kellerkonstruktionen so zu verstärken, dass die Räume unter dem gesamten Waisenhaus für den Luftschutz zu gebrauchen wären.

Als sie kamen, setzten sie sich erst mal auf eine Bank im Hof und fragten Mutter, ob sie was zu trinken haben könnten. Mutter blieb erst reserviert, aber nachdem Tante Rosa ihr ermunternd zugezwinkert hatte, kochte sie eine große Kanne Kaffee.

»Riecht gut, Ihr'n Kaffe!«, meinte einer von ihnen in breitem Frankfurter Dialekt. Mutter antwortete nichts. Sie sah, wie er eine Flasche mit Schraubverschluss öffnete und irgendeinen Schnaps dazugoss. »Mei' Kaffeesahn!«, meinte er gut gelaunt. Zwei seiner Kollegen taten es ihm nach.

Dann gingen sie hinunter an die Arbeit. Sie machten einen Heidenlärm. Die beiden unteren Etagen bebten von ihrem Gehämmer.

Als sie zur Mittagspause wieder hochkamen und in einer Ecke des Hofs beieinander saßen, meinte Mutter:

»Ich dachte, Sie bauen etwas auf? Aber Sie scheinen ja erst mal das ganze Haus abreißen zu wollen.«

»Gud' Frau«, entgegnete der Älteste, der sich am Morgen auch den meisten Schnaps in seinen Kaffee gegossen hatte, »meinense bloß net, mir mache so was gern für den Scheiß-Hitler! Der will doch bloß Kriesch! Wofier denn sonst so bleede Keller baue?«

Mutter hielt die Luft an. Wollte er sie auf die Probe stellen? Aber dazu schien er bereits viel zu betrunken.

»Isch hab nix gesche Judde, werklisch net!«, fuhr er dann mit etwas schwerer Zunge fort. Dabei packten er und seine Kollegen die mitgebrachten Wurstbrote aus. Einer nickte zustimmend. Zwei andere sagten nichts, zeigten aber auch keine Spur von Widerspruch.

»Wollen Sie noch einen Kaffee?«, fragte Mutter. Sie hatte Angst, dass die Unterhaltung zu politisch werden könnte. Und sie war nicht sicher, wie ernst die Arbeiter es meinten. War es nicht auch für sie gefährlich, so zu reden?

»Mir sin erscht emol Frankforder, gelle?«, fuhr der ältere Arbeiter fort und schaute seine Kollegen direkt an. Jetzt nickten alle. Langsam begann Mutter, ihnen zu vertrauen.

Sie arbeiteten einige Wochen am Ausbau des Luftschutzkellers. Uns allen tat es gut, auch einmal solche deutschen Christen zu erleben, die nicht nur Hitler anhimmelten, sondern eine eigene Meinung zeigten. Auch sie gewöhnten sich an uns. Am Ende reparierten sie für Onkel Isidor noch ein paar Fensterrahmen im Dachgeschoss und für Mutter eine Wasserleitung in der Küche. Als sie dafür ihren Lohn bekommen sollten, lehnten sie freundlich ab: »Naa, des iss Ehresach! Mir habbe Ihne schon genuch Dreck gemacht.«

»Wollen Sie nicht noch wenigstens einen Kaffee?«, fragte Mutter am letzten Tag.

»Abbä mit Sahn'!«, antworteten sie im Chor und auch Mutter musste lachen. Später hörte ich sie zu Hanna sagen: »Es ist ein Wunder, dass die auch untereinander so gut dichtgehalten haben. Wenn nur einer von denen eine Anzeige gemacht hätte wegen Beleidigung des Führers ... nicht auszudenken!«

Inzwischen war es für keine von uns mehr eine Frage, dass wir Deutschland verlassen mussten. Tante Ella hatte als junge Frau selbst einige Jahre in Jerusalem gewohnt und schwärmte uns regelmäßig von unserem zukünftigen Leben in Palästina vor. »Das Wichtigste ist, dass ihr gut Englisch lernt!«, ermahnte sie uns immer wieder. Die Frage war nur: Wer von uns würde in der nächsten Kindergruppe mitreisen können? Alles ging so langsam. Zu langsam. Ein paar hatten Glück und konnten noch Verwandte in den USA oder in England auftreiben, die für sie bürgten und die Reisekosten dorthin übernahmen. Aber die meisten hatten ja nicht einmal mehr ihre Eltern. Öfter saßen wir abends zusammen im Zimmer und drehten ein Messer im Kreis. Diejenige, auf die die Spitze zeigte, wenn es stehen blieb, würde als Nächste abhauen können, stellten wir uns vor.

Aber dann kam plötzlich alles ganz anders. Es begann mit einem Schock. Ende Oktober 1938 riss uns Tante Ella eines Morgens in aller Herrgottsfrühe aus dem Schlaf und sagte mit ernstem Gesicht: »Alle ausländischen Kinder: schnell aufstehen und anziehen! Ihr werdet abgeholt!« So wie sie schaute, bedeutete es nichts Gutes, sicher nicht die erhoffte Auswanderung nach Palästina.

»Wohin sollen wir denn?«, fragte ich, noch immer halb verschlafen. Aber da hatte sie offensichtlich schon genauere Informationen und rief in das Zimmer, in dem Hanna und ich schliefen: »Ihr Levitus-Mädchen könnt hier bleiben. Ihr seid ja Tschechen, nur die polnischen Kinder sollen zurück nach Polen.«

Niemand verstand, warum. Die Kleinsten begannen zu weinen. Viele waren ja gerade aus Polen weggegangen, weil es ihren Familien dort nicht gut ergangen war. Alles geschah in großer Eile. Noch vor dem Frühstück waren alle polnischen Mädchen und Jungen unten im Hof versammelt und wurden von da unter der Aufsicht einiger Polizisten zum Bahnhof gebracht. Ich lief verzweifelt durch unser Zimmer, in dem nun mehrere Betten leer standen. Sie fühlten sich noch warm an von den Kindern, die bis eben noch darin geschlafen hatten. Auf den kleinen Hockern, die am Fußende von jedem Bett standen und auf die wir vorm Schlafengehen unsere Sachen legten, hatten einige in der Eile sogar einzelne Kleidungsstücke vergessen. Ein Strumpf ... ein Hemdchen ... ein Taschentuch. Das Tuch nahm ich an mich, weil es meiner Freundin Edith gehörte. Nach einer Weile war es nass von meinen Tränen.

Als Tante Ella vom Hof zu uns zurückkam, sagte sie bitter: »Wie kann man Kinder nur so behandeln? Was können sie schon dafür, wo sie geboren wurden!« Erst später begriff ich, was der politische Hintergrund dieser ersten Deportation jüdischer Menschen aus Deutschland war.[3]

Auch Onkel Isidor und Tante Rosa waren von dieser Aktion offenbar völlig überrascht. Sie riefen das gesamte Personal zusammen, um zu beraten, was getan werden solle. Und sie hatten eine gute Idee. Die Tochter des Heimleiters hatte eine Ausbildung als Krankenschwester gemacht. Sie zog nun ihre Schwestern-Uniform an und begab sich damit in Begleitung von Onkel Isidor zum Bahnhof. Sie würde dort behaupten, dass wir ein deutsch-jüdisches Waisenhaus und die Kinder nicht mehr als Ausländer zu betrachten seien. Die Erwachsenen und wir Kinder blieben im Heim und hielten gespannt den Atem an, ob ihr Vorhaben gelingen würde.

Und tatsächlich: Am späten Nachmittag führten sie und Onkel Isidor den Zug all unserer polnischen Freundinnen und Freunde an, die in Zweierreihen, sichtlich erschöpft zwar, aber doch glücklich, hinter ihnen her durchs Tor in den Hof gestolpert kamen. Ich erkannte am Ende der Gruppe sofort Edith, lief auf sie zu und weinte schon wieder. Aber dieses Mal aus Freude.

»Ich habe einen Riesenhunger!«, sagte Edith als Erstes. »Wir haben den ganzen Tag nichts zu essen bekommen.«

Ich kramte ein Bonbon hervor und gab es ihr zusammen mit dem noch immer feuchten Taschentuch. »Das habe ich für dich aufgehoben!«

Einige Tage vergingen, in denen wir versuchten, zu einem einigermaßen normalen Alltag zurückzukehren. Tante Ella war für kurze Zeit verreist und Tante Rosa, die sonst meist bei den Jungen war, half bei uns aus.

40

Eines Abends saßen wir noch zum Singen beisammen. Ich war gerade an der Reihe, als die Zimmertür aufflog und Tante Rosa rief: »Kinder, schnell alle ins Bett! In Paris ist jemand in der deutschen Botschaft erschossen worden. Ein junger Jude hat's getan ... das wird Ärger geben!«

So ein Mist, dachte ich als Erstes. Immer wenn ich gerade mal ein bisschen froh bin, passiert wieder irgendetwas in der Welt.

Wenig später lagen wir in den Betten, aber keine von uns konnte schlafen. Wir hatten Angst, was nun kommen würde, und flüsterten deshalb aufgeregt miteinander: »Warum hat der Junge das getan?« – »Ob er noch lebt?« – »Aber Paris ist doch weit weg, warum sollen wir hier in Frankfurt deshalb Ärger bekommen?« – »Aber wenn Tante Rosa es doch gesagt hat! Die kennt sich gut aus in der Politik.«

Drei Tage später ging es los. In den frühen Morgenstunden des 10. November – draußen war es noch stockdunkel – wurden wir durch einen ungewöhnlichen Lärm von draußen aufgeweckt. Männerstimmen grölten, kamen näher, zogen dann aber zunächst am Heim vorbei zur Synagoge Friedberger Anlage. Da öffnete sich auch schon die Tür und Tante Rosa, die bereits vollständig angekleidet war, deutete uns an, still zu bleiben und bloß kein Licht anzumachen. Wir lagen stumm in den Betten und starrten zu den hohen Fenstern, vor denen alle Vorhänge zugezogen waren.

»Was machen die Männer?«, schrie Mirjam plötzlich auf, die drei Betten weiter lag. Tante Rosa hielt ihr augenblicklich eine Hand vor den Mund. Zwei Mäd-

Am 7. November 1938 schoss der siebzehnjährige Herschel Grynszpan
in der deutschen Botschaft in Paris auf den hohen deutschen Beamten
Ernst vom Rath, um gegen die Deportation seiner Eltern und Geschwister
aus Hannover nach Polen zu protestieren. Ernst vom Rath starb zwei Tage
später. Die Nazis benutzten dieses Attentat als Vorwand für die Reichs-
pogromnacht gegen die Juden in Deutschland vom 9./10. November 1938.
Das Foto zeigt Herschel Grynszpan nach seiner Verhaftung am 7. November.

chen fingen vor Angst zu weinen an. »Es ist niemand im Haus«, versuchte Tante Rosa sie zu beruhigen. »Das ist alles nur draußen.«

Dann hörten wir, wie bei uns unten im Hof ans Tor geklopft wurde. Nicht brutal, eher vorsichtig, aber doch unüberhörbar. »Bitte macht auf!«, rief eine ältere Frauenstimme. »Sie haben uns aus unserem Haus getrieben und meinen Mann verprügelt und mitgenommen ... ich weiß nicht, wohin ... Bitte, macht auf!«

Tante Rosa zog einen Vorhang etwas zur Seite. Wir konnten trotz der Dunkelheit erkennen, wie Onkel Isidor über den Hof zum Tor eilte, den großen Eisenriegel anhob und das Tor einen Spalt breit öffnete. Außer der alten Frau strömten mindestens noch zehn weitere verängstigte Menschen herein, bevor Onkel Isidor das Tor wieder verriegeln konnte. Dieser Vorgang wiederholte sich noch mehrfach während der folgenden Stunden, bis schließlich unser Waisenhaus überfüllt war, vor allem mit Frauen, Kindern und alten Leuten, die bei uns Schutz zu finden hofften. Selbst im Flur, auf Treppen und Gängen, standen und saßen Menschen. Sie erzählten, dass junge Männer in SA-Uniform die Scheiben mehrerer jüdischer Geschäfte eingeschlagen hatten. Andere berichteten aufgeregt, dass man selbst in der Synagoge am Börneplatz versucht hatte, Feuer zu legen.

Mutter war mit einigen anderen Frauen die ganze Zeit in der Küche beschäftigt, um Tee und Kaffee zu kochen und Brote zu belegen. Hanna war mit einigen älteren Mädchen kurz auf dem Dach gewesen und hatte von dort aus einiges sehen können. »Auch aus der Synagoge Friedberger Anlage kommt Qualm!«, berichtete

Die brennende Synagoge am Frankfurter Börneplatz am 10. November 1938. Während dieses Pogroms (wegen der vielen zerschlagenen Fensterscheiben auch verharmlosend »Kristallnacht« genannt) sind die meisten Synagogen in Deutschland in Brand gesteckt worden. Außerdem wurden tausende jüdische Geschäfte verwüstet, rund hundert Juden ermordet und etwa 30 000 jüdische Männer verhaftet.

sie mit gerötetem Gesicht. Wir anderen wollten auch aufs Dach, aber Onkel Isidor wies uns an, alle Türen und Fenster geschlossen zu halten. Wie durch ein Wunder war unser Heim vorerst nicht belästigt worden. Leider dauerte das Wunder nicht lange.

Niemand traute sich an diesem Morgen zur Schule. Es hieß auch, dass jüdische Kinder ab sofort keine öffentlichen Schulen mehr besuchen dürften. Einige Erwachsene schimpften über den jungen Attentäter aus Paris, er habe den Hass der deutschen Nazis nun erst recht angeheizt. Dabei hatte er das doch nur aus Sorge um seine Familie getan und die Nazis hatten seine Tat zum Vorwand für ihre Überfälle genommen. Ich fand es gut, dass er überhaupt etwas unternommen hatte. Das Einzige, was wir nun machten, war, dass jede einen kleinen Koffer oder eine Tasche mit dem Nötigsten packte. Für den Fall, dass auch bei uns im Haus etwas geschehen sollte und wir schnell flüchten müssten.

Als das erledigt war, standen wir eine Weile hinter den Fenstern und schauten hinaus. Plötzlich hörten wir aufgeregte Rufe vom Ende der Straße. Sofort drängten sich alle ans Fenster, um zu sehen, was los war.

»Oh je, der kleine Gottschalk!«, rief Hanna, die ihn zuerst erkannt hatte.

Joachim Gottschalk war ein geistig behinderter Junge, der eine Hilfsschule besuchte, wie man die Sonderschulen früher nannte, und schon länger bei uns im Heim untergebracht war. In der allgemeinen Aufregung musste er am Morgen von allen unbemerkt zu seiner Schule aufgebrochen sein. Nun rannte er anscheinend um sein Leben. Eine Horde Jugendlicher war ihm dicht auf den Fersen.

»Judenschwein!«, schrien sie. »Judenschwein!«

Entgegen der Anordnung riss ich das Fenster auf und wir alle feuerten ihn an durchzuhalten: »Gottschalk, lauf! Du schaffst es!«

In wirklich allerletzter Sekunde erreichte er unser Tor – einer von unseren Jungen machte es für ihn auf und zu mehreren verbarrikadierten sie es vor der ihn verfolgenden Meute von Hitlerjungen, die wütend gegen die Holzlatten traten. Joachim schaute sich stolz um. Jeder gratulierte ihm und er lächelte angesichts der ungewohnten Aufmerksamkeit.

Nur wenige Minuten später wurde erneut gegen das Tor geschlagen. Zu den Hitlerjungen hatten sich jetzt auch mehrere Nazis in SA-Uniform gesellt. Anscheinend erkannten sie erst allmählich, dass sie unser Heim bisher glatt übersehen hatten. Mit einem Brecheisen gelang es ihnen schließlich, unser stabiles Tor aufzubrechen und mit etwa dreißig Mann in den Hof zu stürmen.

Die folgenden zwei Stunden herrschte nur Chaos und Entsetzen im ganzen Haus. Einige von uns versuchten, sich unter den Betten zu verstecken. Andere stellten sich auf Stühle oder kletterten auf Schränke. Wir hatten vor allem Angst, dass sie auch hier Feuer legen würden. Bei allem, was wir gehört hatten, war deutlich geworden, dass die Feuerwehr bei jüdischen Häusern nicht löschte, sondern nur darauf achtete, dass das Feuer nicht auf christliche Nachbarhäuser übergriff. In einem geeigneten Moment rannten wir hinauf in den ersten Stock, wo die Jungen untergebracht waren. Hier traf ich Mutter, die mit einigen der älteren Jungen im Speisesaal stand. Als sie mich sah, zog sie mich zu einem der hinteren Tische, deren frisch gebügelte, weiße Decken bis zum Boden reichten, ohne dass schon Geschirr aufgedeckt war. Wo Tante Rosa und Tante Ella waren, konnte ich nicht ausmachen. Auch Onkel Isidor schien wie vom Erdboden verschwunden.

Auf einmal stand er im Türrahmen, schwer atmend und in größter Sorge. »Das ist unglaublich«, sagte er leise und dann noch einmal: »So etwas ist unglaublich.« Seine sonst immer so ordentlich gebundene Krawatte war verrutscht und Schweißperlen standen ihm auf der Stirn.

»Onkel Isidor!«, rief einer der Jungen. »Du musst dich verstecken! Die holen alle Männer zuerst ab!«

Wir hörten die Bande bereits im Stockwerk unter uns randalieren. Sie zogen von Zimmer zu Zimmer, rissen, wie ich später sah, die Schränke auf, warfen die Kleider auf den Boden, kippten Bücherregale um und zertrampelten sogar das Spielzeug der Kleinen. Sie kamen schnell näher. In dem Moment schlug Mutter die gestärkte lange Tischdecke hoch und winkte Onkel Isidor heran: »Kommen Sie, Herr Marx, Sie müssen sich verstecken! Wenn Ihnen etwas zustößt, sind wir alle verloren.«

Er zögerte einen Augenblick. Die ganze Situation war ihm sichtlich unangenehm. Dann bückte er sich aber endlich doch, um etwas ungeschickt und ohne ein weiteres Wort unter den Tisch zu kriechen. Im allerletzten Moment ließ Mutter die Tischdecke wieder herunter und schob mehrere von uns Kindern davor. Da waren die Nazis auch schon auf dem Gang zum Speisesaal. Unwillkürlich hielt ich mich mit einer Hand am Tisch fest.

Als sie in der Tür zum Saal standen, schauten sie sich zuerst um, als würden sie etwas ganz Bestimmtes suchen.

»Wo ist euer Chef?«, brüllte einer.

Ein anderer ergänzte: »Den Itzig bringen wir ins KZ!«

Und ein dritter begann erneut: »Wo hat sich das feige Schwein versteckt?«

Mutter trat mutig einen Schritt nach vorn und sagte: »Herr Marx hat heute Morgen das Haus verlassen.«

Sie wussten offensichtlich nicht, ob sie ihr glauben sollten. Derjenige, der zuerst gesprochen hatte, schlug mit einem Knüppel gegen eine Glasscheibe des Geschirrschranks, die klirrend in tausend Stücke zersprang. »Wenn das nicht wahr ist, bist du auch dran!«

Dann packten sie einen von den älteren Jungen am Hemd und zogen ihn ganz dicht zu sich heran. »Dann nehmen wir eben dich mit, Scheißkerl!«, schrien sie ihn an. Einer trat ihm mit dem Stiefel in den Bauch. Ein anderer riss ihn am Hemd wieder hoch. Dabei zerfetzte der Stoff und der Junge stand nun halb entblößt vor der Bande. Ich sah, wie sich seine Rippen vom schweren Atmen hoben und senkten. Schweiß stand ihm auf der Stirn, aber er heulte nicht und rief auch nicht um Hilfe.

Als ihm nun einer der Kerle sogar ein Messer an den Hals setzte, griff Mutter erneut ein: »Lassen Sie den Jungen, das ist doch noch ein Kind!«

Spöttisch rief der Mann mit dem Messer, ohne es von seinem Hals zu nehmen: »Wie alt bist du denn, Kleiner?«

»Fünfzehn«, presste der Junge hervor.

Da ließen sie von ihm ab. Mutter erklärte mir später, dass sie nur junge Männer ab sechzehn mitnehmen durften.

Kaum hatten sie den Speisesaal wieder verlassen, als sich das Tischtuch neben mir bewegte und Onkel Isidor darunter hervorlugte. Er schaute ernst, aber Mutter und wir anderen sahen uns erleichtert an. Selbst der Junge mit dem zerrissenen Hemd atmete auf und sagte mit verhaltener Stimme: »Onkel Isidor, bleib lieber unterm Tisch, bis sie wirklich weg sind!« Aber Onkel Isidor klopfte sein Jackett und seine Hosen ab und versuchte, seine Krawatte wieder zurechtzurücken. »Unglaublich«, stammelte er erneut.

Wir hörten die Kerle nacheinander wieder nach unten poltern. Zum Glück legten sie bis zuletzt kein Feuer. Mutter lugte durch die Gardinen am Fenster und berichtete, wie sie unser Heim wieder verließen. Einige Angestellte und ein paar der älteren Jungen waren mitgenommen worden. Alle kehrten am nächsten Tag, wenn auch zum Teil übel zugerichtet, wieder zurück.[4]

Als endlich alle weg waren und wir das Tor im Hof so gut es ging repariert und wieder geschlossen hatten, begannen wir mit dem Aufräumen. Später berichtete mir Mutter, dass ein paar junge SA-Männer auch in ihr Privatzimmer gestürmt waren und dort das Foto meiner Eltern von 1922 neben ihrem Bett entdeckt hatten. Sie wollten wissen, wo ihr Mann war. Mutter hatte so abweisend wie möglich geantwortet: »Mein Mann ist schon seit sieben Jahren tot.« Wenig später zeigte sie mir die Liebesbriefe meines Vaters, die er alle mit ›In Liebe, dein Nazi‹ unterschrieben hatte. Und zerriss sie danach, damit sie nicht den wirklichen Nazis in die Hände fallen sollten.

Im Wesentlichen hatten die überwiegend jugendlichen Randalierer bei uns im Heim uns vor allem eines klar gemacht: Dass es nun wirklich höchste Zeit war, Deutschland zu verlassen.

Mein Gefühl der grenzenlosen Sicherheit in Onkel Isidors Nähe veränderte sich von diesem Tag an. Ich wusste, dass er für uns Kinder alles tun würde. Aber dass sich dieser große starke Mann vor den Randalierern unter dem Tisch hatte verstecken müssen, hatte mich tief erschüttert. Ich begriff mit einem Mal, dass es Situationen gab, in denen wir Kinder nicht mehr auf den Schutz der Erwachsenen rechnen konnten, sondern bereit sein mussten, uns selbst zu helfen. Aber ich ahnte nicht, dass ich genau dies sehr bald selbst würde tun müssen.

ABSCHIED

Die folgenden Tage war Onkel Isidor kaum noch ansprechbar. Wann immer wir an seiner und Tante Rosas Wohnung im zweiten Stock vorbeikamen, hörten wir ihn am Telefon aufgeregt in den verschiedensten Sprachen reden. Schauten wir zu ihm hinein, schickte er uns sofort wieder raus und telefonierte weiter. Manchmal konnten wir Brocken seiner Unterhaltungen mithören:

»Gut, mache ich ... wie viele Kinder können Sie übernehmen? ... Aber warum nur zehn Mädchen? Die Jungen sind genauso in Gefahr! ... Nein, wir haben immer noch keine Zertifikate für Palästina ... könnten Sie nicht noch mal für uns nach London telegraphieren? ... Kein Problem, alle Kinder schicken wir mit einem Satz vollständiger Kleidung sowie Handtüchern und Bettzeug ...«[5]

Eines Tages teilte Tante Ella uns mit, dass wir unsere besten Kleider anziehen und alle die Haare ordentlich kämmen sollten. »Der Fotograf kommt! Ihr braucht alle Fotos für die Auswanderung!«

Jutta bürstete ihre Haare erst zu einem Linksscheitel und flocht sie dann zu zwei langen Zöpfen. Ich war die ganze Zeit schrecklich nervös. Während ich mein

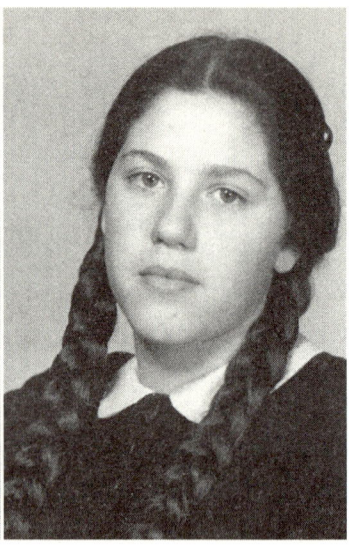

Jutta (10) und Cilly (13) im Jahr 1938, noch in Frankfurt.

dunkles Schabbeskleid mit dem schlichten weißen Kragen anzog, dachte ich an die besondere Kette, die Tante Ella jeder von uns einmal von einer Reise aus Jerusalem mitgebracht hatte und die das Wertvollste war, was ich besaß: eine fein gearbeitete, silberne Kette mit einem dreieckigen, ziselierten Anhänger. Die legte ich jetzt um und hoffte, dass sie mir Glück bringen würde.

Jutta war völlig unbeschwert, als der Fotograf kam. Mit ihren gleichaltrigen Freundinnen war sie nur am Kichern und konnte, auch als der Fotograf – ein geduldiger älterer Herr – auf den Auslöser drückte, kaum das Lachen zurückhalten. Zu mir sagte er dagegen: »Kind, schau nicht so ernst! Bald geht's doch raus aus Deutschland, was?« Da versuchte ich ein Lächeln, aber richtig gelungen ist es mir nicht. Meine Silberkette trug ich dabei unter dem Kleid.

Etwa eine Woche später verbreitete sich das Gerücht, dass als Erstes eine Gruppe von uns nach Holland gehen könne. Angeblich hatte die niederländische Königin Wilhelmina dreihundert besonders gefährdeten jüdischen Kindern aus Deutschland die Einreise in ihr Land gestattet. Aus unserem Heim sollten auch welche mitfahren dürfen, aber wie viele und wann wusste keiner. Ich gab erst nicht so viel auf das Gerücht, denn andauernd gab es neue Hoffnungen, die sich aber meist schnell wieder zerschlugen. Einmal sah ich Mutter eindringlich auf Onkel Isidor einreden, kümmerte mich aber nicht weiter darum. Zunächst beschäftigte mich viel mehr, dass immer neue Kinder bei uns im Heim aufgenommen wurden. Einmal kam ein ganzes Jungen-Waisenhaus geschlossen zu uns. Die Jungen waren von den Nazis aus ihrem Heim verjagt worden. Die Trennung zwischen Jungen und Mädchen konnte jetzt wegen der Raumnot nicht mehr so rigide beachtet werden. So aßen wir nun in einem Speisesaal mit den Jungen zusammen. Nicht wie früher bei den gelegentlichen Ausflügen, sondern auch im täglichen Umgang verbrachten wir jetzt viel mehr Zeit mit den Jungen gemeinsam. Ich fand das gut. Einige, vor allem die Schüchternen unter ihnen, mochte ich auf Anhieb. Mutter gefiel das gar nicht.

Und dann wurden wir eines Abends plötzlich alle nach oben in den großen Saal gerufen. Es war eine beinah feierliche Stimmung, als Onkel Isidor sich zweimal räusperte und dann ernst verkündete: »In einer Woche wird eine Gruppe von vierundzwanzig Kindern nach Holland reisen dürfen. Es sind ...« Und dann las er in alphabetischer Reihenfolge die Namen vor.

Erst kam Mosche Frank,[6] ein Verwandter von Anne, die nach dem Krieg durch ihr Tagebuch weltberühmt werden sollte und schon lange vor Mosche mit ihren Eltern und ihrer Schwester aus Frankfurt nach Holland gegangen war. Vielleicht hatten sie sich für ihn eingesetzt? Dann folgten ein paar Namen von Kindern, die erst kürzlich aufgenommen worden waren und die ich deshalb nicht so gut kannte. Und plötzlich stieß mich Edith an und gleichzeitig hörte ich Onkel Isidors monotone Stimme sagen: »... Cilly Levitus, Jutta Levitus, Kurt Mayer, Lotte Mayer ...« Das waren wir!

Ediths Name wurde nicht vorgelesen. Ich hatte auf einmal Tränen in den Augen und flüsterte ihr zu: »Ich will nicht weg von euch! Ich will auch nach Palästina ...« Dann schaute ich zu Jutta und Mutter, die beide erleichtert lächelten. Mutter war wohl froh, dass es ihr gelungen war, wenigstens zwei ihrer Kinder schon mal in Sicherheit zu bringen. Jutta fand es einfach aufregend, auf eine große Reise zu gehen – außerdem waren ihre beste Freundin und ich ja dabei!

Als Tante Ella mein trauriges Gesicht sah, meinte sie: »Cilly, wenn du gar nicht willst, können wir auch Hanna fragen.«

Aber da rief ich sofort: »Nein, ich kann doch Jutta nicht im Stich lassen! Nein, wenn Jutta gehen soll, dann gehe ich mit ihr.« Dann wischte ich mir die Tränen von

54

der Wange und putzte mir die Nase. Auch Edith tröste-
te mich und meinte: »Später treffen wir uns doch alle in
Palästina. Dann kommst du einfach mit Jutta nach.«
Und ein gewisser Trost war immerhin, dass Lotte und
ihr Bruder Kurt auch dabei waren. Lotte gehörte ebenfalls zu meinen Freundinnen und ihren Bruder, den wir
Kurti nannten, bewunderte ich grenzenlos, auch wenn
ich mich bisher nicht getraut hatte, ihn mal anzusprechen. Edith hatte mal gemeint, dass ich in Kurti ver-
knallt sei, aber das war bestimmt übertrieben. Außerdem wusste ich gar nicht genau, was das ist.

An den folgenden Tagen mussten noch hundert Dinge
vorbereitet werden. Mutter war einerseits erleichtert,
dass Jutta und ich bald ins sichere Holland gehen könnten. Andererseits machte sie sich große Sorgen, wo wir
genau landen würden, denn das hatte in dem Schreiben
der holländischen Königin offensichtlich nicht gestanden. Da Holland als wohlhabender galt als das arme
Palästina, durften wir jeder wirklich nur einen Satz sau-
bere Kleidung mitnehmen, mehr nicht. Alles andere
wurde zur Sicherheit für die späteren Kindertransporte
aufbewahrt. Mutter legte in jedes Kleidungsstück von
mir und Jutta einen kleinen Zettel mit der handgeschrie-
benen Anschrift einer älteren Freundin von ihr in Amsterdam: »Meta Javitz, Keizersgracht ...« stand darauf.
    »Tante Meta ist eine geborene Oppenheimer und
hat vor Jahren nach Amsterdam geheiratet. Die erinnert
sich bestimmt noch an mich. Meldet euch bei ihr, wenn
ihr in Amsterdam seid, und bestellt ihr Grüße von mir.
Sie hilft euch bestimmt«, sagte Mutter.

»Ja, Mama!«, antwortete ich leise.

Mutter wollte nur unser Bestes, keine Frage. Immer hatte sie seit dem Tod unseres Vaters gut für uns gesorgt. Was sie niemals konnte, war, auch zärtlich zu uns zu sein. Wie gut hätte es mir getan, wenn sie mich jetzt einmal in den Arm genommen hätte und ich einfach nur hätte weinen können. Wenn sie mich festgehalten und vielleicht sogar gestreichelt hätte. Aber das war unvorstellbar. So war sie eben nicht.

»Hast du gehört, was ich gesagt habe?«, fragte sie nach und drückte mir auch Juttas Kleider in die Hand, damit ich sie in unseren gemeinsamen Koffer packen sollte. Ich nickte nur und legte alles ordentlich übereinander.

Die Abreise vom Frankfurter Hauptbahnhof mit dem Zug nach Holland wurde für uns auf den 22. November festgesetzt. Am Abend davor schenkte ich Mutter die kleine Silberkette mit dem Anhänger aus Jerusalem, die ich vor langer Zeit von Tante Ella bekommen hatte.

»Aber die Kette hast du doch selbst geschenkt bekommen, Cilly«, widersprach Mutter. »Du musst sie behalten.«

Doch ich bestand darauf: »Tante Ella hat gesagt, dass die Kette Glück bringt. Bitte Mama, sie ist für dich! Wenn wir uns wieder sehen, kannst du sie mir zurückgeben.« Ich wollte einfach etwas Besonderes bei ihr lassen, damit sie auch wirklich immer an Jutta und mich denken würde. Ich war bereit, auf die Kette für immer zu verzichten, falls wir uns nicht mehr sehen sollten.

Am nächsten Morgen wurden wir dann von mehreren Erwachsenen, darunter Onkel Isidor, Tante Ella und Mutter, zum Bahnhof gebracht. Die meisten Kinder, auch Jutta, waren ausgelassen und lachten übermütig. Ich trottete schweigend mit und ließ den Kopf hängen. Eine gewaltige Traurigkeit hatte mich ergriffen und ließ mich nicht mehr los. Unser Zug wartete auf einem der hinteren Gleise. Mehrere Abteile waren nur für uns Kinder reserviert. Kaum hatten wir unsere wenigen Gepäckstücke auf den Sitzen verteilt, kamen ein paar SA-Leute in den Wagen und versuchten, uns Angst einzujagen, indem sie alles besonders streng kontrollierten. Aber weil wir von der Königin eingeladen worden waren und das auch durch einen Brief beweisen konnten, hielten sie sich zurück. Außerdem waren wir nur Kinder. Alle Erwachsenen aus dem Heim standen auf dem Bahnsteig und schauten zu uns hinauf.

Dann gab es irgendeine Verzögerung und wir durften noch mal aussteigen. Erst jetzt fiel mir auf, dass meine ältere Schwester Hanna gar nicht zum Abschied gekommen war. Viele Jahre später berichtete sie mir, dass sie einfach zu traurig gewesen sei und sich währenddessen im Heim auf dem Klo eingeschlossen und dort die ganze Zeit geweint hatte, bis Mutter wieder zurück war. Auf dem Bahnsteig liefen alle Kinder noch mal zu den verschiedenen Erwachsenen, die ihnen besonders viel bedeuteten. Ich rannte immer zwischen Mutter und Tante Ella hin und her. Zu Mutter sagte ich: »Grüß Hanna von mir!« Und Tante Ella rief ich zu: »Bitte, grüß Edith!«

Schließlich mussten wir alle wieder einsteigen. Ganz schnell sollte es nun gehen. Irgendein Bahnbeamter schloss die Wagentür von außen ab. Ein Pfeifen war zu hören. Dann setzten sich die Räder der Eisenbahn schrill quietschend in Bewegung. Die meisten Kinder sprangen auf und drängelten sich vor den Fenstern. Sie winkten und schrien, manche lachten und ein paar heulten plötzlich doch noch ... Ich blieb wie erstarrt auf meinem Platz sitzen. Ich schaute nur vor mich hin und sagte kein Wort. Mir fiel ein, dass ich vergessen hatte, auch meinen kleinen Bruder Jossel von Mutter grüßen zu lassen. Ich schämte mich dafür. Aber nun war es zu spät. Für alles war es nun zu spät, dachte ich und war unendlich traurig.

Jutta blieb zum Glück die meiste Zeit guter Dinge. Sie spielte mit ihren Freundinnen und fand, wie ich merkte, während der Bahnfahrt sogar ein paar neue. Ich war froh, als sich nach einer Weile Lotte und Kurti zu mir ins Abteil setzten. Sie respektierten meine Traurigkeit. Ich habe später oft gehört und gelesen, dass alle Flüchtlingskinder bestimmt immer froh und erleichtert sein müssen, wenn sie aus einem für sie bedrohlichen Land entkommen konnten. Für mich bedeutete der Abschied zunächst nur Schmerz und Angst. Ich fühlte keinerlei Erleichterung oder Freude.

Das einzig Schöne auf dieser Fahrt kam von Kurti. Obwohl wir nicht viel redeten, spürte ich, dass er mich mochte. Als wir über die holländische Grenze gefahren waren, schenkte er mir eine Tüte mit selbst gebackenen Keksen, die er aus Frankfurt mitgenommen hatte. Von Lotte wusste ich, dass es seine Lieblingskekse waren. Und er gab sie mir einfach so!

Ich nahm mir vor, ganz sparsam mit diesen Keksen

umzugehen. Sie schmeckten ungewöhnlich gut. Selbst Jutta gab ich höchstens einen Keks am Tag ab. So hatte ich noch welche, nachdem wir schon eine ganze Zeitlang in Holland waren.

Den Empfang am Hauptbahnhof von Utrecht, wo wir am späten Nachmittag endlich ankamen, habe ich als kalt und unfreundlich in Erinnerung. Wahrscheinlich hatte sich niemand etwas Böses dabei gedacht, aber von den Erwachsenen, die uns dort in Empfang nahmen, sprach niemand ein persönliches Wort zu uns. Jedenfalls verstand ich nichts, denn es wurde nur Holländisch gesprochen. Irgendwann kapierten wir, dass wir unsere Vor- und Familiennamen sagen sollten. Daraufhin bekam jeder von uns ein Pappschild mit dem Namen einer Stadt um den Hals. Auf dem Schild von Mosche, Lotte und Kurti stand »Utrecht«. Bei Jutta und mir lasen wir »Amsterdam«.

Und dann ging jeweils ein Erwachsener mit den Kindern, die in eine bestimmte Stadt sollten, davon. Ich hatte nicht mal Zeit, mich richtig von meinen Freunden zu verabschieden. Ich rief noch die Namen von Lotte und Kurti, aber da waren sie schon eine Treppe vom Bahnsteig hinuntergegangen und außer Sicht. Zum ersten Mal seit heute Morgen sah auch Jutta unsicher und verstört aus. Sie hielt meine linke Hand fest umklammert. In der anderen hatte ich unseren Koffer und Kurtis Kekstüte. Außer Jutta und mir musste noch ein drittes Mädchen, das Hannelore hieß und in meinem Alter war, einer jungen Frau folgen. Mit ihr fuhren wir im Zug noch das letzte Stück bis Amsterdam.

Inzwischen war es draußen dunkel geworden. Wir liefen vom hellen Bahnhof aus in immer dunklere Straßen. Hannelore hielt sich dicht neben mir und Jutta. Keine sprach ein Wort. Wir liefen und liefen, es war kalt und dunkel und ich dachte schon, bald muss Amsterdam zu Ende sein, aber da waren wir wohl endlich angekommen. Eine eher ärmliche Gegend, fand ich, jedenfalls im Vergleich zum Röderbergweg in Frankfurt.

»Rapenburgerstraat«, sagte die Frau, die uns führte, und zeigte auf ein Straßenschild. Kurz darauf blieben wir vor einem alten dreistöckigen Gebäude stehen. Das unterste Stockwerk hatte ungeheuer hohe Fenster. Mit jedem Stockwerk darüber wurden die Fenster kleiner. Erst dachte ich, dass wir in das Haus hineingehen sollten, denn die Frau stand einen Moment unschlüssig davor. Dann zog sie aber an einer Glocke des Nebenhauses. Die Tür sprang auf und sie winkte uns herein. Hannelore, Jutta und ich kletterten steile Treppen hoch, bis wir ganz oben in einer abgetrennten Wohnung ankamen.

Hier sprach uns zum ersten Mal eine andere junge Frau auf Deutsch an: »Das hier ist nur für eine Woche, zur Quarantäne. Damit wir herausbekommen, ob ihr eine ansteckende Krankheit habt.« Ich hatte das Fremdwort noch nie gehört und war mir nicht sicher, ob es eine Beleidigung bedeutete. Aber diese junge Frau schaute freundlich und immerhin bekamen wir jeder einen Becher heißen Tee und ein Stück Brot mit Käse. Hannelore liefen dauernd Tränen übers Gesicht. Jutta sah aus, als würde sie auch gleich anfangen zu heulen. Wir schauten einander stumm und ratlos an. Dann bekamen wir ein Bett zugewiesen. Ich habe sonst keine Erinnerung an diesen ersten Abend in Holland. Nur, dass ich noch aufpasste, wo Jutta war und dass wir bloß nicht getrennt wurden. Obwohl es noch nicht spät sein konnte, müssen wir dann vor Erschöpfung bald eingeschlafen sein.

Am nächsten Morgen wusste ich erst gar nicht, wo ich war. Erst allmählich wurde mir bewusst, wie weit wir weg waren von daheim und dass Jutta und ich ganz allein waren. So allein. Nach dem Frühstück durfte jeder, der wollte, eine Karte nach Frankfurt schreiben. Ich schrieb:

Liebe Mama!
Wir sind gut angekommen in Holland. Die Fahrt war sehr schön. Immer am Rhein entlang. Die Leute hier sind sehr nett. Auch das Essen ist gut. Bitte mach dir keine Sorgen.
Liebe Grüße von deiner Cilly.

Und Jutta kritzelte auch noch irgendeinen Satz dazu. Das war natürlich alles gelogen. Die Fahrt über hatte ich mich nur elend gefühlt, zum Rhein hatte ich gar nicht hingeschaut, und von dem Essen ganz zu schweigen. Wahrscheinlich wollte ich Mutter einfach nur beruhigen. Denn ich dachte, genau so eine Karte würde sie vermutlich am meisten freuen. Dann fragte ich die junge Frau, ob ich noch eine zweite Karte schreiben durfte.

»Auch nach Frankfurt?«

»Nein, hier nach Amsterdam.«

»Habt ihr Bekannte hier?«

»Das wissen wir noch nicht. Deshalb würde ich gern schreiben.«

An Mutters Freundin von früher schrieb ich:

Liebe Frau Javitz!

Ich soll Ihnen schöne Grüße von meiner Mutter, Regina Levitus, aus Frankfurt bestellen. Gestern sind meine jüngere Schwester Jutta und ich hier im Mädchen-Waisenhaus angekommen. Vielleicht dürfen wir Sie einmal besuchen?

Wenig später kam eine ältere Frau zu uns und gab uns Besen und Putzlappen in die Hand und sagte: »Hier, du die Treppe!« Dabei wies sie auf mich. Und zu Jutta meinte sie: »Du die Schränke!« Auch Hannelore bekam einen Lappen in die Hand gedrückt. Das kannten wir vom Frankfurter Heim nicht, wo wir immer verwöhnt worden waren. Nun war ja auch eigentlich nichts dabei, hier beim Saubermachen mitzuhelfen. So war es wohl einfach die Anspannung, dass ich plötzlich nicht anders konnte, als Jutta den Lappen aus der Hand zu nehmen und empört zu rufen: »Meine Schwester ist erst zehn. Die braucht noch nicht zu putzen!« Und dann legte ich mit dem Besen auf der Treppe los, als wollte ich alle bösen Geister auf einmal wegfegen.

Jutta und Hannelore schauten mir verwundert zu. Aber mir half das Putzen, jetzt nicht noch trauriger zu werden. Immerhin hatten die Menschen sich hier bereit erklärt, uns zu helfen und aus Deutschland herauszukommen. Aber warum waren sie dann so abweisend?

62

Oder kam es mir nur so vor? Waren sie vielleicht gar nicht von der Königin gefragt worden, ob sie uns haben wollten?

Am dritten Tag gab es die erste Überraschung: Unten wurde heftig an der Glocke gezogen, und nachdem die Tür mit einer Schnur von oben geöffnet worden war, dauerte es ewig, bis endlich jemand oben schwer atmend vor der Tür der Quarantäne-Wohnung stand: Eine dicke ältere Frau, die ein wenig humpelte und auf Deutsch rief: »Wo sind denn die Levitus-Töchter?«

Die junge Frau, die uns betreute, versuchte zuerst noch – ebenfalls auf Deutsch – einzuwenden, dass dies eine Quarantänewohnung sei und niemand von außen so einfach hier hereinkönne, aber die Frau rief jetzt noch lauter: »Ich brauche einen Stuhl, schnell einen Stuhl!«

Inzwischen waren Jutta und ich aus unserem Zimmer gerannt und standen erwartungsvoll vor der dicken Dame, die leicht schwankend am Türpfosten lehnte, und starrten sie beeindruckt an. Ihr vermutlich ehemals vornehmer Pelzmantel schien an akutem Haarausfall zu leiden und beide Ärmel wiesen große Löcher an den Ellenbogen auf. Ob das Mutters Freundin war? Und würde sie uns bald hier herausholen?

»Ich bin Tante Meta!«, rief sie. »Aber jetzt brauche ich sofort einen Stuhl!« Sie drohte tatsächlich vornüber zu kippen. Ich rannte zurück ins Zimmer und schob ihr dann einen Stuhl zu, auf den sie noch im Flur mit letzter Kraft sackte.

»Danke, Kindchen – bist du die Cilly?«

Jutta und ich nickten vor Aufregung gleichzeitig. Dann erzählten wir ihr in aller Kürze, wie wir nach Amsterdam gekommen waren und wie es Mutter und unseren Geschwistern Hanna und Jossel ging. Wir trauten uns nicht, etwas zu fragen. Aber da klärte sie uns schon von sich aus auf: »Ich habe nur eine kleine Einzimmerwohnung, da passe ich gerade selbst hinein. Aber ihr könnt mich gern mal am Wochenende besuchen, wenn ihr wollt!«

Immerhin. Es gab noch jemanden in dieser Stadt, an den wir uns wenden konnten. Und Tante Meta kannte Mutter. Allein das war ein gutes Gefühl.

Am letzten Tag dieser Woche erschien eine andere ältere Dame mit Brille und Haarkranz in Begleitung eines Herrn in der Wohnung. Beide sprachen nur wenige Worte Deutsch. Jutta, Hannelore und ich verstanden, dass sie *Juffrouw* Frank war, die Direktorin des Mädchen-Waisenhauses nebenan.[7] Der Herr war ein Arzt, der uns untersuchen sollte. Er hatte kalte Hände. Erst klopfte er uns auf den Rücken, dann mussten wir den Mund weit aufmachen und laut »aah« sagen. Zuletzt nickte er und meinte: »Alles prima!«

Am folgenden Tag durften wir aus der Wohnung ins richtige Mädchen-Waisenhaus umziehen. Nachdem uns die junge Frau, die Deutsch konnte, hingebracht hatte, standen Hannelore, Jutta und ich mitten in der dezent farbig getäfelten Eingangshalle – und nichts geschah. An der Wand gegenüber stand eine schwere, altertümliche Bank, aber wir wagten nicht, uns zu setzen. Wir standen da, drehten uns langsam im Kreis, sahen hinauf zu einem Glasdach mit einem schönen bunten Mosaik und wieder hinunter auf den kalten Steinfußboden. An der schmaleren Wand der Halle hing eine große, runde Uhr. Ihre schwarzen Metallzeiger wanderten langsam weiter, aber niemand kam und wir trauten uns nicht, einfach eine der Treppen nach oben zu gehen oder laut zu rufen.

Irgendwann setzten sich Jutta und Hannelore auf den Boden, weil ihnen die Füße weh taten. So warteten wir eine halbe Ewigkeit. Kein Kind war zu hören, kein Erwachsener zu sehen. Nur irgendwo oben öffnete und schloss sich ein paar Mal eine Tür und waren Schritte zu hören.

Endlich wurde die schwere Eingangstür aufgestemmt und eine größere Gruppe von Mädchen, alle eigenartig schwarz und altmodisch gekleidet, strömte schwatzend herein. Als sie uns bemerkten, wurden einige still und starrten uns an. Ein Mädchen sagte etwas zu uns, aber wir verstanden ihre Worte nicht. Dann lachten die meisten und gingen in verschiedene Richtungen im Haus auseinander.

Schon wieder fing Hannelore an zu heulen. Jutta hatte meine Hand gepackt und flüsterte mir zu: »Wir weinen nicht, ja?«

Plötzlich kam eines der Mädchen zurück und sprach uns auf Deutsch an: »Ihr kommt aus Deutschland? Mein Vater ist auch Deutscher!«

»Meiner nicht«, sagte ich. »Aber wir kommen aus Deutschland. Wohnst du hier?«

»Ja.« Sie gab jedem von uns die Hand. »Ich heiße Rosa.«

Es tat gut, endlich einmal persönlich angesprochen zu werden. Wir nannten unsere Namen und schüttelten Rosa erneut die Hand.

Rosa war etwa in meinem Alter. »Kommt mal mit!«, rief sie dann. »Ich zeige euch alles.«

HEIMWEH

Rosa ging mit uns durch einen Raum, der links vom Eingangsbereich abging und zu den Garderoben führte. Das Erste, was mir auffiel, waren die vielen Kleiderhaken auf dem ewig langen Flur, voll gehängt mit lauter schwarzen Mänteln und Mützen. Auch Rosa war wie zu einer Beerdigung gekleidet, sie trug ein graues Wollkleid über langen schwarzen Strümpfen und schwarzen Stiefeln.

»Müsst ihr immer so herumlaufen?«, fragte ich leise.

Rosa verzog das Gesicht. »Ja, immer. Im Sommer ist es noch viel schlimmer, wenn's richtig heiß ist.« Ich schaute entsetzt auf ihre Wollstrümpfe.

Bei der Garderobe stellte ich unseren Koffer ab und Hannelore legte ihren Rucksack daneben. Dann liefen wir zurück in die Vorhalle. Dort klopfte Rosa vorsichtig gegen eine dunkle Holztür. Von drinnen antwortete eine tiefe Frauenstimme, die mir irgendwie bekannt vorkam. Rosa drehte den Knopf und öffnete vorsichtig die Tür. Sie schaute sich nach uns um und winkte uns hinter sich her. In dem Zimmer, das ein Büro zu sein schien, saß die rundliche Direktorin, *Juffrouw* Frank, hinter einem riesigen Schreibtisch und musterte uns ernst über die Gläser ihrer runden Nickelbrille hinweg, die bis ganz nach vorn auf ihre Nase gerutscht war. Es schien, als bräuchte sie einen Moment, um sich zu erinnern, wer wir waren. Endlich lächelte sie aber doch ein wenig und sagte etwas auf Holländisch zu Rosa.

Schließlich wandte sie sich uns zu und sagte in gebrochenem Deutsch: »*Welkom* bei uns! Rosa wird euch eure Betten zeigen und alles andere, was fürs Erste wichtig ist.« Erneut sprach sie ein paar Worte mit Rosa, nickte uns allen noch einmal zu und ging dann wieder an ihre Arbeit. Das war die ganze Begrüßung.

Rosa schaffte es, dass Hannelore und ich in ihrem Saal, in dem etwa zwanzig Mädchen schliefen, aufgenommen wurden. Jutta kam zu den Jüngeren in einen anderen Saal, aber er war immerhin auf dem gleichen Stockwerk. Die Betten waren altertümliche niedrige Bettgestelle, mit Gittern drumherum wie bei Kleinkindern. Jede bekam drei schwere, steife Decken als Bettzeug.

Kurz darauf wurde von irgendwoher zum Essen gerufen und Rosa zog uns mit sich in den Speisesaal. Sie redete mit einigen Freundinnen, daraufhin gaben uns auch andere Mädchen die Hand und wieder andere schauten schon etwas freundlicher zu uns her. Ein älteres Mädchen befühlte zaghaft den Stoff meiner Bluse. Sie sah aus, als hätte sie auch gern so etwas getragen.

Im hinteren Teil des Saals gingen plötzlich zwei Türen auf und zwei Erzieherinnen schoben auf einem Wagen mehrere dampfende Töpfe herein. Einige Mädchen gossen Tee in Becher, die dann herumgereicht wurden. Aus den Kochtöpfen kam ein ekliger Milchbrei, mit Klumpen und Haut vermischt. Der Tee war dunkel und schmeckte bitter.

»Kann man keinen Zucker bekommen?«, flüsterte ich Rosa zu.

»Zucker?«, fragte sie erstaunt. »Zucker gibt es nicht. Wir nennen das schwarze Zeug auch nicht Tee, sondern Tinte. Aber du wirst dich dran gewöhnen.«

Dazu bekam jeder zwei Scheiben trockenes Brot und eine Scheibe Käse.

»Das ist Schiebekäse«, sagte Rosa.

»Was?«

»So nennen wir das unter uns. Du musst die eine Scheibe Käse durchschieben von einem Stück Brot zum anderen. Dann hast du auch am Ende noch etwas Käse-Geschmack.«

Zum ersten Mal musste ich lächeln. Rosa schien sich nicht so leicht unterkriegen zu lassen. Einziger Trost des Tages war, dass Jutta, Hannelore und ich vorerst noch unsere persönliche Kleidung behalten durften. Später erfuhren wir, dass noch nicht endgültig entschieden war, ob wir nicht doch bald noch von Holland nach Palästina weitergeschickt würden. Das blieb nach wie vor unser größter Wunsch! Dann würden wir endlich wieder zusammen sein mit Mutter, Jossel und Hanna – und mit Edith.

Am Abend konnte ich lange nicht einschlafen. Ich hörte, wie sich manche Mädchen unruhig in ihren Betten herumwarfen. Einmal erschrak ich, weil ich die Umrisse einer dunklen Gestalt durch unseren Saal schleichen sah. Dann hörte ich Schlüssel klappern und wusste, dass es eine der Erzieherinnen sein musste, die wohl kontrollierte, ob wir alle in unseren Betten lagen. Im Magen spürte ich ein eigenartiges Drücken, wie ein Stein, der sich nicht bewegen ließ. Erst dachte ich, es seien nur Bauchschmerzen von dem fürchterlichen Essen. Aber dann spürte ich den Schmerz auch in der Brust. Es waren keine körperlichen Schmerzen. Ich hatte einfach schreckliches Heimweh nach Frankfurt, nach dem Heim dort, nach Mutter und Jossel, nach Edith, ja sogar nach Hanna.

Das Heimweh machte mir auch in den nächsten Wochen zu schaffen. Jeden Tag wurde ich stiller und zog mich mehr in mich zurück. Zum Glück fand Jutta es hier deutlich besser als ich. Es fiel ihr so viel leichter, sich anzupassen, bald sprach sie die ersten Sätze Niederländisch. Als wir schließlich doch wie alle anderen die grau-schwarzen Uniformen tragen mussten, freute sich Jutta darüber, während ich diese altmodischen Kleider und Strümpfe hasste und noch mutloser wurde, weil ich fürchtete, dass man uns jetzt von der Liste für Palästina gestrichen haben könnte.

Oft beherrschte mich das Gefühl, einfach alles falsch zu machen. Und es ärgerte mich, dass im Heim beinah immer alles abgeschlossen war. Die Erzieherinnen hatten so viele Schlüssel für sämtliche Türen und Schränke, dass es dafür eigene so genannte ›Schlüsselkörbchen‹ gab, die sie meistens mit sich herumschleppten. Ich kam mir vor wie im Gefängnis. Natürlich hatten wir Mädchen selbst keinen Schlüssel für den einzigen kleinen Holzschrank, in dem wir unsere persönlichen Dinge aufbewahren konnten. Diese Schränkchen wurden

70

regelmäßig kontrolliert, genau wie alles andere. Nichts gab es nur für einen selbst. Nirgends.

Sogar die Post wurde überwacht. Jeder Brief, den wir nach Hause schrieben, wurde erst von der Direktorin gelesen. Wenn ihr etwas nicht gefiel, musste das neu geschrieben werden. Erst dann klebte sie die Briefmarke darauf. Darüber war ich so böse, dass ich einmal eine Postkarte an meine Mutter schickte, für die ich heimlich eine Briefmarke kaufte. Ich schrieb, dass ich sie ganz schrecklich vermisste. Eine Weile danach kam ein Foto von Mutter, das sie vor dem Eingang des Heims am Röderbergweg zeigte. Sie ging nicht weiter ein auf mein Klagen, sondern hatte nur auf die Rückseite notiert: »Für Cilly und Jutta – zum Andenken an eure Mama. Januar 1939.« Ich weinte und vermisste sie noch viel mehr.

Dafür, dass hier insgesamt alles ärmer war, konnte natürlich niemand etwas. Wir hatten ja auch nicht gerade viel aus Frankfurt mitgebracht. So verdienten die Erzieherinnen sicher hier auch nur einen Hungerlohn. Aber einmal sollte ein offizielles Foto von uns im Speisesaal gemacht werden. Dafür wurde der Tisch erst ganz toll gedeckt, sogar Eierbecher standen da mit richtigen Eiern darin. Die waren aber gar nicht gekocht. Und als der Fotograf gegangen war, wurden die Eier wieder eingesammelt und wir konnten gehen. Darüber war ich gleichzeitig traurig und wütend. Ich bewunderte Rosa, die nie aufgab und nur trocken meinte: »Daher kommt der Spruch: Friede, Freude, Eierkuchen!« Mir selbst fiel nie etwas ein, um mich oder andere aufzumuntern.

Meine traurige Grundstimmung hellte sich erst etwas auf, als Jutta und ich uns an Tante Meta erinnerten und an einem Samstag, an dem wir ›frei‹ hatten, beschlossen, sie zu besuchen. Wir gaben vorher genau ihren Namen und ihre Anschrift an und durften dann losziehen. Die Keizersgracht liegt in der Innenstadt und war vom Heim aus zu Fuß zu erreichen. Eine Erzieherin erklärte uns den Weg.

Zum Glück war Tante Meta zu Hause. Es dauerte eine Weile, bis sie zur Tür ihrer Wohnung geschnauft kam, die im Parterre lag.

»Nein, ist das schön! Die Levitus-Mädchen, kommt rein!«

Tatsächlich bewohnte sie nur ein winziges Zimmer, das voll gestopft war mit Möbeln, die offenkundig alle mal bessere Zeiten gesehen hatten. Sie berichtete, dass sie seit dem Tod ihres Mannes nur noch ab und zu Unterstützung von ihrem Sohn bekam, der in Amerika lebte. Ein zweiter Sohn lebte zwar in Amsterdam, hatte aber eine Christin geheiratet, was Tante Meta sichtlich bedrückte.

»Bestimmt habt ihr Hunger, was? In eurem Alter hatte ich immer Hunger!« Dann schaute sie einen Moment an ihrem voluminösen Körper hinab und meinte trocken: »Na, das scheint keine Altersfrage zu sein. Ich würde heute auch am liebsten immer nur essen ...«

Sie servierte uns leckeren Sandkuchen und fragte dann nach Mutter und Frankfurt. Und sie wollte wissen, wann Jutta und ich Geburtstag haben: »Dann müsst ihr hierher kommen. Wenn ich euch schon nicht aufnehmen kann, will ich wenigstens eure Geburtstage mit euch feiern!«

Tatsächlich vergaß sie niemals Juttas oder meinen Geburtstag. Dann warteten immer viele Süßigkeiten auf ihrem kleinen runden Tisch auf uns. Leider litt Tante Meta schwer an Diabetes und musste regelmäßig Spritzen bekommen. Manchmal war sie so krank, dass wir sie nicht besuchen durften.

Durch Tante Meta wurde unser Leben in Amsterdam schöner. Trotzdem blieb ich nach außen meist ernst und verschlossen. Das änderte sich erst, als ich neben Rosa noch eine andere Freundin im Waisenhaus fand. Eines Tages kam ›die Neue‹ zu uns – und machte alles ganz anders als ich. Sie hieß Suzy. Ihr Vater war gerade gestorben, aber sie ließ sich nichts anmerken von ihrem Kummer. Mit ihr begann ich, Amsterdam wirklich kennen zu lernen. An den ›freien‹ Samstagen erwarteten die Erzieherinnen von uns, dass wir den ganzen Tag wegblieben, damit sie ihre Ruhe hatten. Natürlich konnten wir nicht jeden Samstag zu Tante Meta. Oft bekamen wir alle Freikarten für den Zoo. Da konnten wir dann stundenlang herumlaufen. Jutta ging immer gern in den Zoo. Ich erst, als Suzy mit dabei war. Besonders hatten es uns die Affen angetan. Ein riesiger Orang-Utan hieß Sultan.

»Wenn wir den ins Heim mitnehmen könnten!«, rief ich.

»Gute Idee.« Suzy lachte. »Aber natürlich nur, wenn er anständig gekleidet ist.«

»Mit langen Strümpfen?«

»Mit langen, schwarzen, wollenen Strümpfen!«

Sultan popelte in der Nase, während wir seine Kleiderordnung diskutierten. Dann drehte er uns den Rücken zu.

»Recht hat er«, meinte Suzy. »Wir sollten uns auch nicht alles gefallen lassen.«

Obwohl Suzy auch Deutsch konnte, lernte ich mit ihr endlich auch einigermaßen Niederländisch zu sprechen, im Zoo bei Sultan und den anderen Affen.

Die Direktorin hatte ich eine Weile nur aus der Ferne gesehen. Ich suchte auch keineswegs ihre Nähe. Manchmal mussten Mädchen zu ihr ins Büro kommen, wenn sie etwas angestellt hatten. Eines Tages war ich an der Reihe. Ich war sicher, dass ich mein Bett nicht korrekt gemacht oder die Mütze nicht richtig getragen hatte. Als ich in ihr Zimmer trat, war sie nicht allein, sondern Frau Vromen vom Vorstand des Waisenhauses war bei ihr. Frau Vromen war viel jünger als *Juffrouw* Frank und wesentlich moderner gekleidet. Zu meiner Überraschung waren beide ganz freundlich und fragten: »Cilly, du bist zu alt, um hier noch zur Schule zu gehen. Gibt es einen Beruf, den du gern lernen möchtest?«

Ich war überrascht. Meinten sie das wirklich ernst? Noch nie war ich hier nach meiner Meinung gefragt worden. Einen Moment überlegte ich, um bloß nichts Falsches zu sagen. Ich erinnerte mich, wie gern ich früher immer zugehört hatte, wenn Tante Ella uns am Klavier ihre englischen Lieder vorspielte. Meine Mutter hatte bei so einer Gelegenheit gesagt: »Du musst später auch mal Klavier spielen lernen.« Sie wusste sogar schon einen Klavierlehrer für mich. Aber dazu war es dann nicht mehr gekommen.

74

»Weißt du nichts?«, fragte Frau Vromen freundlich nach.

»Doch!«, stieß ich hervor und setzte alles auf eine Karte: »Ich würde am liebsten Musikerin werden!«

Die beiden Frauen sahen sich einen Moment ernst an. Was würden sie antworten? Die Direktorin räusperte sich und sagte dann: »Cilly, ich verstehe deinen Wunsch. Musik ist etwas so Schönes ...« Dann machte sie eine lange Pause. Beide atmeten tief durch, als würden sie einen Seufzer unterdrücken. Frau Vromen fuhr fort: »Die Zeiten sind leider nicht so. Musik ist etwas für gute Zeiten. Du solltest lieber etwas Praktisches lernen. Etwas, womit du dich im Leben behaupten und notfalls auch allein Geld verdienen kannst.« Sie sagte es so freundlich, dass ich mich nicht abgelehnt oder gar beleidigt fühlte, wie so oft bislang. Ich verstand, was sie meinte, und ich fühlte, dass sie es nicht sagte, um mich zu kränken. Das allein tat mir gut. Ich wusste, dass mein Holländisch für die höhere Schule noch nicht ausreiche. Mit dreizehn Jahren konnte man schon eine Berufsschule besuchen, wie Rosa. Rosa? Das war es. Rosa besuchte die Haushaltungsschule und hatte berichtet, dass es dort viel freier zuging als bei uns im Heim. Jüdische und christliche Mädchen wurden dort gemeinsam unterrichtet.

Ich hob den Kopf und fragte: »Kann ich Haushaltung lernen auf der Schule, auf die Rosa geht?« Und ich fügte noch hinzu: »Meine Mutter möchte sicher auch gern, dass ich so etwas lerne.«

Ein Aufatmen ging durch die beiden. Die Direktorin antwortete: »Ich werde morgen fragen, ob es dort noch einen Platz für dich gibt. Ich denke auch, diese Entscheidung würde deiner Mutter gefallen.«

Ich hatte nicht gedacht, dass sie überhaupt etwas von meiner Mutter wusste. Vielleicht war es ja so, dass einem durch Heimweh die ganze Welt dunkler und alle Menschen unfreundlicher erschienen, als sie in Wirklichkeit waren. Bevor ich hinausging, drehte ich mich noch einmal um und sagte leise: »Danke.«

Ich lief sofort zu Rosa und erzählte ihr die hoffnungsvolle Nachricht. Rosa war ebenso begeistert und meinte: »Da ist ganz bestimmt noch Platz. Und wenn nicht, sitzen wir beide auf meinem Stuhl.«

Tatsächlich konnte ich kurz darauf mit Rosa die neue Schule besuchen. Was für ein anderes Klima herrschte hier! Viele Lehrerinnen waren selbst noch jung, wie zum Beispiel *Juffrouw* Ouweleen oder *Juffrouw* Hoefsmit, die miteinander befreundet waren und später auch zusammen wohnten. Oder Frau Miller-Boudewijn, die mit einem Engländer verheiratet und sehr sportlich war. In der Schule trugen wir alle hochgeschlossene Schürzen. Dadurch sah nicht jeder sofort, dass wir aus dem Waisenhaus kamen. Nur an den schrecklichen Strümpfen und Stiefeln konnte man es noch erkennen, wenn man genau hinschaute.

Endlich wurde mein Leben wieder etwas bunter und froher. Ich fand es wunderbar, dass die Schule den ganzen Tag dauerte. Wir lernten Nähen und Kochen und alles, was man sonst noch wissen muss, um einen Haushalt gut zu führen. Im Nähunterricht durfte ich mir aus einem alten Mantel einen eigenen Rock und dazu ein Bolero schneidern. Als ich die Sachen das erste Mal im

Heim anprobierte, war dies mein schönster Tag, seit ich in Amsterdam lebte. Ich schaute mich lange im Spiegel an und konnte kaum glauben, was ich sah. Ich war gar nicht nur grau und hässlich und griesgrämig, sondern konnte mich vor dem Spiegel drehen und dabei lachen. Ich war vierzehn Jahre alt und mein Körper hatte frauliche Proportionen bekommen. Ganz unübersehbar.

»Suzy, guck mal!«

Zu meiner Überraschung machte Suzy keinen Witz. Ganz ernst schaute sie mich an und sagte dann: »Cilly, das steht dir gut. Du siehst richtig schön aus ...«

Ich bekam einen roten Kopf und drehte mich weg. Ich fühlte mich wie eine kleine Blume, die kurz vor dem Absterben gewesen war und auf die im letzten Moment doch noch die Sonne schien. Beim Aufwachen konnte ich mich endlich wieder freuen auf den Tag, der vor mir lag. Schon auf dem Schulweg machten wir lauter Unsinn. Erst waren wir nur zu zweit, später kam auch Suzy dazu, die ebenfalls die Haushaltungsschule besuchte. Wenn wir mal zu spät kamen, sagten wir oft entschuldigend: »Die Brücke war oben!« In Amsterdam gibt es viele Brücken über die Grachten, die mehrmals am Tag hochgezogen werden, um Schiffe durchfahren zu lassen. Dann warten die Fußgänger, bis die Brücke wieder gesenkt wird. Aber oft hatten wir einfach nur getrödelt. Es gab so gut wie keine strengen Strafen auf dieser Schule. Manchmal lächelte *Juffrouw* Ouweleen wissend und meinte: »Ja, ja, wieder die Brücke, nicht?« Und wir schämten uns, aber nur ein bisschen.

Das Beste war, dass es hier Lehrerinnen gab, die

selbst Freude am Leben hatten und sie uns ebenfalls gönnten. Einmal gingen wir mit der ganzen Klasse ins größte Kaufhaus von Amsterdam, das *Bijenkorf* – Bienenkorb. Dort wurden in der Haushaltsabteilung supermoderne Küchen vorgeführt, mit abgerundeten Ecken, die man leichter sauber machen konnte als all die Schnörkel, die es früher immer gegeben hatte. Suzy und ich waren vor allem von den großen Rolltreppen begeistert. So etwas hatten wir noch nicht gesehen. Nachdem der Vortrag bei den Küchenmöbeln beendet war, rannten wir sofort wieder zu den Rolltreppen und liefen sie am allerliebsten in entgegengesetzter Richtung hinauf oder hinunter.

Auch im Waisenhaus gewann ich Freundinnen, seit ich nicht mehr so ernst und verschlossen war. Ein Mädchen, das Lena hieß und eine große Brille trug, wich mir nicht mehr von der Seite. Nach dem Tod ihrer Mutter hatte der Vater sie ins Waisenhaus gebracht. Sie war nicht so beliebt wie Suzy, aber das machte mir nichts aus. Ihr Vater wohnte in Amsterdam und eines Samstags lud sie mich ein, mit zu ihr nach Hause zu kommen.

Wir liefen vom Waisenhaus bis zur Wohnung ihres Vaters. Das war nicht sehr weit weg von der Rapenburgerstraat. Die Umgebung des Heims war schon viel ärmlicher, als ich es von Frankfurt her kannte. Aber solche Armut wie bei Lena daheim hatte ich mir bisher nicht einmal vorstellen können. Schon in der Straße vor dem heruntergekommenen Mietshaus, in dem die Tür schief in den Angeln hing, spielten Kinder in abgerisse-

Von links: Cilly, Jutta und Lena. Das Foto bekam Cilly von Lena
am 31. August 1939 geschenkt. Auf der Rückseite stand:
»Von deiner treuen Freundin Lena.« Einen Tag danach begann der
Zweite Weltkrieg, der alles, aber auch alles, verändern sollte.

nen Sachen. Alles roch auf eigenartige Weise muffig und verfault. Die Wohnung selbst war dunkel und klein, dennoch wurde ich von Lenas Vater und seiner Freundin, einer Christin, herzlich empfangen. Ihr Vater sagte: »Noch nie hat Lena jemanden aus dem Heim mitgebracht. Willkommen, Cilly!«

Dann gab er mir und Lena Saft zu trinken. Ich spürte, dass Lena sich schämte wegen der Armut und gleichzeitig stolz war, dass ich hier war. Ich hatte das Foto von meiner Mutter mitgenommen und der Mann und seine Frau betrachteten es ehrfürchtig.

»Was für eine vornehme Dame ist deine Mutter«, brummte Lenas Vater und bot mir etwas ausgetrocknete Plätzchen aus einer Blechdose an.

»Ja«, sagte ich. »Aber reich ist sie nicht. Mein Vater hat alles verloren, bevor er gestorben ist.«

»Ach Kind«, sagte die Frau, die nicht Lenas Mutter war, freundlich. »Dann hast du es ja auch nicht leicht gehabt in deinem Leben, was?«

Darauf wusste ich nichts zu sagen, weil ich es selbst nie so ausgedrückt hätte. Etwas verlegen fragte ich: »Haben Sie die Plätzchen gebacken? Sie schmecken gut!« Das stimmte zwar nicht, aber ich wollte auch etwas Nettes sagen.

»Ja«, antwortete sie. »Freut mich, dass du sie magst. Ich packe euch nachher den Rest ein. Den könnt ihr dann mitnehmen.«

Als wir am frühen Abend zurück ins Heim gingen, spürte ich, dass Lena hören wollte, wie es mir gefallen hatte. Ich sagte: »Dein Vater ist nett und seine Frau auch.«

»Kommst du mal wieder mit?«

»Na klar!«, entgegnete ich. Lena strahlte, als hätte ich ihr ein besonderes Geschenk gemacht. Die Plätzchen haben wir dann aber nicht mehr gemeinsam aufgegessen. Lena fand sie auch zu trocken. Sagte sie jedenfalls.

Einen Tag später musste ich bei *Juffrouw* Roet, die ich noch viel weniger als anfangs die Direktorin mochte, ›auf der Matte‹ erscheinen.

»Cilly!«, rief sie verärgert, kaum hatte ich die Tür ihres Zimmers hinter mir geschlossen. »Wieso gehst du mit Lena nach Hause?«

»Wieso denn nicht?«

»Na, sag mal, hast du keine Augen im Kopf? Diese Lena und ihr Zuhause sind kein Umgang für dich.«

Natürlich wusste ich längst, was sie damit sagen wollte. Aber ich fand es gemein, wie sie über Lena redete. Was konnte Lena denn für ihr Elternhaus? Also stellte ich mich dumm und fragte erneut: »Aber wieso soll ich denn nicht mit ihr nach Hause gehen? Ihr Vater ist sehr freundlich zu mir gewesen.«

Da explodierte sie und rief: »Du bist dumm wie Öl, Cilly – dumm wie Öl! Der Mann lebt wild mit einer ... mit so einer Frau zusammen! Das ist doch kein Umgang!« Sie schnaubte noch eine Weile vor sich hin. Ich sagte nichts mehr und irgendwann durfte ich gehen. Ich beschloss, trotz allem gegenüber Lena mein Wort zu halten.

Leider konnten Rosa und Suzy mit Lena nicht viel anfangen. Sie fanden sie anbiedernd, weil sie niemals eine eigene Meinung äußerte. Das stimmte. Auch mir begann es auf die Nerven zu gehen, dass Lena alles, was ich tat, wunderbar fand und einfach verrückt nach mir war. Ich ging noch ein paar Mal mit zu ihr nach Hause, aber mehr weil ich es mir vorgenommen hatte und sie nicht im Stich lassen wollte.

Als die Deutschen mit dem Überfall auf Polen am 1. September 1939 den Zweiten Weltkrieg begannen, machte ich mir nicht viele Gedanken darüber. Es war nicht mein Krieg. Ich betete weiter, dass Mutter, Hanna und Jossel endlich nach Palästina würden ausreisen können – und Jutta und ich bald hinterher. In den Niederlanden wähnten sich die meisten Menschen, Juden wie Nichtjuden, einfach sicher. Die Holländer hatten sich wie im Ersten Weltkrieg neutral verhalten. Der beste Schutz gegen aggressive Großmächte. So dachten die meisten Erwachsenen. Bis es am 10. Mai 1940, morgens gegen vier Uhr, ein böses Erwachen gab, das sich mit dröhnenden Flugzeugen ankündigte, die immer näher kamen.

ERWACHSEN SEIN

Noch ganz früh war es an jenem 10. Mai 1940. Das erste Licht des Tages glomm über den Dächern. Wach wurden wir dadurch, dass wir Leute draußen aufgeregt miteinander reden hörten. Normalerweise war um diese Uhrzeit noch kein Hund unterwegs. Durch die geschlossenen Milchglasscheiben vor unserem Schlafsaal konnte man nicht nach draußen sehen. Wir richteten uns in den Betten auf und schauten einander verschlafen an.

»Was ist los?«, rief Lena und sprang als Erste aus dem Bett. Rosa war einen Moment später am Fenster und schob die schweren Rahmen nach oben, um hinaussehen zu können. Nun hörten wir die Stimmen der Nachbarn deutlicher, die sich aus den Fenstern beugten und in den klaren Himmel schauten.

»Ja, Fallschirmspringer sind auch dabei«, rief eine Nachbarin etwa auf unserer Höhe. »Sie kommen mit Flugzeugen und Fallschirmspringern!«

Schon vernahmen wir das erste Brummen, das sich langsam zu einem Dröhnen steigerte. Es kam aus der Luft, hoch über uns. Es kam näher, immer näher, und bald konnte man kleine dunkle Punkte am Himmel erkennen, die sich langsam auf Amsterdam zubewegten.

»Flugzeuge mit Bomben!«, schrie Suzy, während einige auf den Flur liefen, um zu erfahren, was die anderen im Heim schon wussten. Als Erste kam uns die strenge *Juffrouw* Roet im Nachthemd entgegen, über das sie eine Wolljacke geworfen hatte. Ihre lockigen Haare standen in alle Richtungen, sodass ich sie beinah nicht erkannt hätte. Noch nie hatte ich sie so aufgeregt gesehen. »Alle nach unten!«, rief sie. »Sofort alle Kinder in die unteren Räume!«

Dann lief sie selbst zu den Kleinen, um mitzuhelfen, sie aus den Bettchen zu holen. Inzwischen war das Dröhnen der Flieger ziemlich genau über uns. Sie donnerten aber zum Glück vorerst über die Stadt hinweg, weiter nach Westen. Auch wir Älteren halfen mit, alles nach unten zu schleppen. Als endlich alle Mädchen in den Räumen des untersten Stockwerks versammelt waren, wurde der Fluglärm langsam weniger. »Die kommen aus dem Osten, das sind deutsche Bombenflugzeuge!«, sagte Rosa. Niemand widersprach ihr.

»Die Deutschen machen Krieg mit Holland. Aber warum denn?«, wollte Suzy wissen. Einige Blicke richteten sich auf *Juffrouw* Roet. Erst jetzt merkte ich, dass sie zitterte. Die strenge Frau Roet zitterte und presste nur beide Lippen aufeinander. Nach einer Weile stieß sie so leise hervor, als sollte es niemand hören: »Das ist ein Überfall! Ein heimtückischer Überfall! Der Hitler ist verrückt geworden!«

Ich weiß nicht, wie lange wir stumm beieinander saßen. Von draußen hörte man die Vögel unbeschwert singen. Es versprach, ein warmer Tag zu werden. Mir rasten gleichzeitig die wildesten Befürchtungen durch den Kopf: Würden die niederländischen Soldaten ihr Land gegen die Deutschen verteidigen können? Aber die waren doch gar nicht vorbereitet? Würde die Königin uns jüdischen Kindern noch einmal helfen zu entkommen? Aber wohin? Wenn wir jetzt nicht sofort nach Palästina aufbrächen, wäre es vielleicht für immer zu spät.

Ich schüttelte den Kopf und sah mich im Zimmer um. Einige der jüngeren Mädchen waren inzwischen wieder eingeschlafen. Ich erhob mich mit steifen Gliedern und flüsterte Suzy und Rosa zu: »Wir müssen abhauen, bevor es hier auch so wird wie in Deutschland!« Jutta, die ebenfalls die Augen geschlossen hatte, schüttelte ich sanft an der Schulter: »Wir müssen nach Palästina, Jutta!« Sie lehnte sich an mich und fragte im Halbschlaf zurück: »Jetzt gleich?«

Schließlich ging ich zu Frau Roet und erzählte ihr, dass Jutta und ich bereits in Frankfurt auf einer Liste zur Auswanderung nach Palästina gestanden hatten. Dass dann der Brief der Königin gekommen war und wir erst mal hierher geschickt wurden. Ich sagte, wenn sie jetzt schnell mit meiner Mutter Kontakt aufnehmen würde, dann könnte es vielleicht gerade noch klappen.

»Nun beruhige dich erst mal, Cilly«, antwortete Frau Roet. Sie selbst hatte inzwischen ihre Haltung wieder gefunden und war dabei, ihr Haar mit Nadeln aufzustecken. »Im Moment können wir gar nichts machen. Lass uns erst mal die Nachrichten abwarten, um zu hören, was genau geschehen ist.«

Doch die Nachrichten wurden stündlich schlechter. Die Deutschen hatten offensichtlich eine Offensive nicht nur gegen die Niederlande begonnen, sondern auch gegen Belgien und Frankreich. Und sie schienen mit jeden Tag weiter vorzurücken und zu siegen.

Am vierten Tag, dem 13. Mai, kam die Meldung, dass sich Königin Wilhelmina mit ihrer Familie ins Exil nach England gerettet hatte. Was für ein Schock! Hatte selbst die Königin schon ihr Land aufgegeben? Und bedeutete das nicht auch, dass ihr Brief, der uns doch bisher in gewisser Weise geschützt hatte, nun nichts mehr wert war? Im Waisenhaus herrschte gedrückte Stimmung. Zwei Leute vom Vorstand des Waisenhauses waren plötzlich nicht mehr da. Es hieß, auch sie seien vor den deutschen Soldaten geflüchtet. Der Vorstandsvorsitzende, ein älterer Herr, den ich nie gesehen hatte, sollte Selbstmord begangen haben. In den Straßen unseres Viertels sahen wir Menschen ihre Habe auf Lastwagen laden und damit zum Hafen fahren. Ob bei der Kriegslage aber überhaupt noch Fährschiffe nach England fahren würden?

Schon einen Tag später wurden die schrecklichsten Befürchtungen Wirklichkeit: Die deutsche Wehrmacht marschierte in Amsterdam ein, während über den Dächern deutsche Flugzeuge bedrohlich laut Richtung Westen flogen. An diesem Tag ließen sie ihre grausame Ladung über dem dicht bewohnten Zentrum Rotterdams fallen und töteten innerhalb weniger Stunden über neunhundert Kinder, Frauen und Männer. Der Krieg in den Niederlanden war vorbei. Am 15. Mai kapitulierten die Niederlande vor der militärischen Übermacht. Überall auf den Straßen Amsterdams sah man plötzlich deutsche Soldaten, sichtlich zufrieden, dass der Sieg so leicht errungen war. An einigen Häuserwänden erschienen Anschläge der deutschen Besatzer, meist zweisprachig in Deutsch und Holländisch. Sie informierten die Bevölkerung, was erlaubt und was verboten war. Viele Soldaten waren noch sehr jung. Einigen sah man an, dass sie gern freundlich sein wollten. Ich traute mich kaum aufzuschauen. Wie lange würde es dauern, bis sie Jutta und mich als jüdische Mädchen erkennen würden?

Um alles in der Welt wollte ich wissen, wie es Mutter, Hanna und Jossel in Frankfurt ging. Was für Gedanken sie sich um uns machten. Ob wir nun vielleicht bald wieder zusammen kämen? Aber durch die Kriegslage gab es eine Weile keine Post und ein Telefon war etwas ganz Ungewöhnliches. Endlich wurden wieder Briefe ausgeliefert. Aber noch immer keine Nachricht von Mutter. Mehrere Wochen vergingen, dann plötzlich drückte mir Frau Vromen, die inzwischen mit ihrem Mann ins Waisenhaus gezogen war, um die alte Direktorin zu entlasten, einen Brief mit einer Hitler-Marke drauf in die Hand. Mir zitterten vor Aufregung die Hände, als ich den Umschlag aufriss und die Zeilen überflog. Was für Nachrichten! Ich hielt das Papier einen Moment an mein Herz gepresst und rannte dann, so schnell ich konnte, in den Hof zu Jutta, die dort mit einer Freundin spielte. Schwer atmend stand ich vor ihr und rief: »Jutta, stell dir vor – Hanna ist in Palästina!«

Jutta wusste nicht, ob sie sich darüber freuen sollte. Zwar hatten wir immer alle nach Palästina gewollt, aber doch nur gemeinsam. Und sie sah mein trauriges Gesicht. »Warum schaust du so?«, fragte sie unsicher.

»Weil wir jetzt auch dort sein könnten, du und ich. Wir standen auf der Liste und hatten ein Zertifikat zur

Einreise nach Palästina. Aber irgendso ein Kerl aus Berlin hat erklärt: ›Die beiden sind ja in Holland in Sicherheit.‹ Kannst du das fassen? Die haben uns einfach von der Liste gestrichen!«[8] Mit einem Mal war jede Hoffnung zerstört. Bisher hatte ich alle Schwierigkeiten ertragen, in der festen Hoffnung, dass wir am Ende zusammen nach Palästina gehen könnten.

»Und Mama und Jossel?«, fragte Jutta.

In dem Moment, als sie dies fragte, fiel ein Foto aus dem Umschlag, das ich in meiner Aufregung übersehen hatte. Es flatterte in sanftem Bogen auf die Pflastersteine. Jutta war schneller als ich und hob es auf: »Schau mal!« Ein ganz neues Foto von Mutter und Jossel, wahrscheinlich erst vor wenigen Tagen aufgenommen. Jossel musste schon wieder ein ganzes Stück gewachsen sein, die Ärmel seiner Jacke waren ihm viel zu kurz geworden.

Noch einmal las ich den ganzen Brief. Ich las ihn laut vor, Wort für Wort. Mutter schrieb, dass sie Hanna und die gesamte Mädchengruppe bis nach Wien hatte begleiten dürfen, von wo aus Hanna und die Mädchen bis zum italienischen Hafen von Triest weiterreisen sollten, um dort das Schiff nach Haifa, der palästinensischen Hafenstadt, zu nehmen. In Wien hatte Mutter sich mit ihren Eltern treffen können und fuhr danach allein zurück nach Frankfurt. Es war um nichts in der Welt möglich gewesen, auch Zertifikate für Jossel und sie selbst zu bekommen. Über die neue Situation in den Niederlanden schrieb sie wenig. Am Ende standen die Worte: »Ich weiß nicht, wann wir uns wieder sehen können. In Liebe, eure Mama.«

Cillys Mutter (38) mit dem zehnjährigen Jossel in Frankfurt
im Sommer 1940. Das letzte Foto ...

Als ich geendet hatte, liefen uns beiden die Tränen übers Gesicht. Jutta hielt das Foto von Jossel und Mutter in ihrer einen Hand, mit der anderen hielt sie sich an einem Zipfel meines Kleides fest. Wie ein Blitz durchfuhr mich die Erkenntnis, dass wir von nun an ganz allein auf uns gestellt waren. Es gab zwar noch Tante Meta in Amsterdam, aber die war alt und krank und würde bald selbst Hilfe brauchen. Ich spürte, dass ich allein die Verantwortung für meine kleine Schwester würde tragen müssen, wenn wir diese wahnsinnige Zeit überleben sollten. Ganz allein. Ich würde ab jetzt erwachsen sein. Immerhin war in wenigen Wochen mein fünfzehnter Geburtstag. Wir würden es schaffen. Hanna war in Sicherheit. Mutter würde für Jossel sorgen und ich musste alles tun, damit Jutta nichts geschah. Dann würden wir eines Tages alle wieder zusammen sein. Ganz bestimmt, eines Tages. Wir vier Kinder und Mutter. Bestimmt ...

Die nächsten Wochen war ich so niedergeschlagen, dass nicht einmal Suzy mich aufmuntern konnte. Immerhin konnten wir weiter zur Schule gehen und dort blieb es trotz allem schön. Unsere Lehrerinnen, auch die christlichen, ließen uns spüren, dass sie bereit waren, zu uns jüdischen Mädchen zu halten. Besonders *Juffrouw* Ouweleen und *Juffrouw* Hoefsmit, die beiden Freundinnen, machten keinen Hehl daraus, dass sie den Judenhass der Deutschen schrecklich fanden. »Das machen wir hier nicht mit«, sagte *Juffrouw* Hoefsmit einmal entschlossen vor der ganzen Klasse. »Alle Menschen sind gleich geboren!«

Suzy, Rosa und ich schauten uns still an. Es tat gut,

solche Worte zu hören. Die beiden Lehrerinnen waren höchstens Anfang Dreißig. Besonders *Juffrouw* Hoefsmit himmelte ich eine Weile förmlich an, sodass Suzy schon gefragt hatte, ob ich in sie verliebt sei. Es klang nicht spöttisch und ich zuckte nur die Schultern. Ich wusste noch nicht, was Liebe ist, aber ich sehnte mich nach einem Menschen, den ich bewundern konnte – und Bewunderung fühlte ich für *Juffrouw* Hoefsmit.

Ab Anfang 1941 erließ die deutsche Besatzungsmacht in Holland mehr und mehr Vorschriften, um die Juden von der übrigen Gesellschaft zu isolieren. Zuerst waren, wie schon nach 1933 in Deutschland, alle jüdischen Beamten aus dem niederländischen Staatsdienst entlassen worden, bald durften jüdische Künstler nicht mehr frei auftreten und jüdische Ärzte keine Christen mehr behandeln. Nun, ab Januar 1941, mussten wir uns registrieren lassen, damit die Deutschen genau wussten, wo Juden lebten und wo nicht. Viele, die bisher nicht in den jüdischen Vierteln gewohnt hatten, wurden gezwungen, dorthin umzuziehen. In unserer Gegend, vor allem rund um den nahe gelegenen Waterlooplein, wohnten seit jeher besonders viele jüdische Familien, meist ärmere Arbeiter und Handwerker. Im Süden Amsterdams gab es eine Gegend, wo eher die wohlhabenderen Juden zu Hause waren.

Leider gab es auch Niederländer, die bald nach der Besetzung zu den Deutschen überliefen und sogar in einer eigenen Nazi-Partei, die bis dahin eher bedeutungslos gewesen war, aufzutrumpfen begannen. Die Anhänger dieser Partei wurden NSBer genannt, NSB ist die

Abkürzung für die niederländische ›Nationalsozialistische Bewegung‹. Immer öfter kamen jetzt Schlägergruppen dieser Partei in die Straßen unseres Viertels, um jüdische Frauen und Männer zu provozieren und manchmal auf offener Straße zu verprügeln. Rosa berichtete einmal aufgeregt, sie habe mit eigenen Augen gesehen, wie so eine Bande zwei junge Männer aus der Tram gezerrt und danach mit Holzknüppeln blutig geschlagen hätten, bis sie sich nicht mehr bewegten. Allmählich bildeten sich Verteidigungsgruppen jüdischer wie nichtjüdischer Männer, die schnell zusammengerufen werden konnten, wenn wieder so eine Schlägertruppe des NSB auftauchte. Anfang 1941 kam es immer häufiger zu regelrechten Straßenschlachten, sodass *Juffrouw* Frank noch strenger als früher darüber wachte, dass wir nach der Schule direkt ins Heim kamen. An den Samstagen durften nur noch die ausgehen, die von Verwandten abgeholt wurden.

Am 11. Februar gab es den ersten Toten: Bei einer Schlägerei wurde ein NSBer so schwer verletzt, dass er kurze Zeit später starb. Die deutschen Besatzer bereiteten daraufhin gemeinsam mit der niederländischen Polizei eine geheime Strafaktion vor, die genau bei uns im Viertel stattfinden sollte. Seit dem Ereignis vom 11. Februar lag eine besondere Spannung in der Luft. Verschiedene Gerüchte, welche jüdische Einrichtung Ziel des nächsten Angriffs sein könnte, hatten bereits die Runde gemacht. Schließlich, am Nachmittag des 22. Februar, ging es los.

Da es Tante Meta nicht gut ging, waren Jutta und ich an diesem Samstag im Heim geblieben. Die meisten unserer Freundinnen waren bei Bekannten oder Familienmitgliedern zu Besuch. Nur Lena hatte beschlossen, an diesem Tag nicht zu ihrem Vater und seiner Freundin zu gehen. Trotzdem konnten wir nichts Besonderes miteinander anfangen und zogen eher gelangweilt durchs Haus. Dabei sahen wir, dass die Tür zum Büro von *Juffrouw* Frank geschlossen war, weil sie, wie wir wenig später erfuhren, Besuch von zwei jungen Männern bekommen hatte – zwei Freunden, von denen einer seit kurzem mit einem ehemaligen Mädchen des Waisenhauses verheiratet war, die ihr erstes Kind erwartete. Unsere Direktorin hielt gern Kontakt mit Ehemaligen und berichtete dann meist am nächsten Tag stolz, was ›alles einmal aus uns werden‹ könne. Wir beobachteten, wie die jungen Männer, beide höchstens Anfang Zwanzig, sich nach gut einer Stunde mit einer Verbeugung höflich von unserer Direktorin verabschiedeten, wobei *Juffrouw* Frank strahlte, als würde sie demnächst selbst Oma werden. Sie ging noch mit zum Portal, das zur Straße führte, und sah den beiden einen Moment hinterher. Bevor sie die Tür wieder schloss, erstarrte sie plötzlich, rief dann etwas, was ich nicht verstand, und schlug im nächsten Augenblick mit aller Kraft das Portal zu. Schwer atmend lehnte sie von innen gegen die hohe Tür.

»Nicht hinausgehen!«, fuhr sie uns an. »Keiner geht aus dem Haus!«

Erschrocken liefen wir in eines der oberen Stockwerke, um von dort durch den Spalt der nur wenig nach oben geschobenen Milchglasfenster auf die Straße zu schauen. Eine Kette von Polizisten und deutschen Soldaten hatte das eine Ende der Rapenburgerstraat abgesperrt, während eine andere Gruppe alle Männer, die sich draußen aufhielten, festnahmen und diejenigen, die fliehen wollten, mit Gewalt daran hinderten. Ein älterer Mann lag reglos am Boden, von seiner Stirn lief Blut auf das Pflaster. Schräg gegenüber richteten einige Soldaten ihre Gewehre auf die Verhafteten, die in einer Reihe stramm stehen mussten. Lena stieß mich stumm an und deutete auf das hintere Ende der Reihe: Dort standen auch die beiden jungen Männer, die gerade von ihrer Visite bei *Juffrouw* Frank gekommen waren.

»Was werden die mit denen machen?«, flüsterte Lena, als hätte sie Angst, dass uns die uniformierten Menschenjäger unten hören könnten. Aber die kümmerten sich nicht um uns.

Am Abend kehrten längst nicht alle von ihren Ausflügen zurück. Frau Vromen informierte uns, dass das ganze Viertel abgesperrt sei, dass aber bis jetzt nur jüdische Männer über sechzehn willkürlich aufgegriffen worden seien. Ich war trotzdem froh, dass Jutta im Heim war und nicht irgendwo in der Stadt unterwegs. Auch am Sonntagmorgen ging die Razzia weiter. Erst Anfang der Woche hörten wir, dass rund vierhundert jüdische Männer zur Strafe für den Tod des einen NSBers mitgenommen worden waren. Lenas Vater war zum Glück nicht dabei. Aber was mit den vierhundert Männern, die es erwischt hatte, geschehen würde, war noch unklar.

Am Montag kam es zu einer Protestversammlung von rund dreihundert nichtjüdischen Amsterdamern, die einem Aufruf der Kommunistischen Partei gefolgt waren. Noch in der gleichen Nacht wurde ein Flugblatt gedruckt und verteilt, in dem die gesamte Bevölkerung Amsterdams zu einem Generalstreik gegen die deutschen Besatzer aufgerufen wurde.[9] Und tatsächlich: Am Dienstag, dem 25. Februar 1941, fuhren keine Straßenbahnen in Amsterdam und man sah vor allem am Nachmittag an vielen Orten größere Gruppen demonstrierender Menschen in die Innenstadt und Richtung Norden zum Hafen ziehen. Beinahe alle Hafen- und Dockarbeiter waren dem Aufruf gefolgt und hatten den Streik zu einem ungeahnten Erfolg werden lassen, der die Deutschen völlig überraschte. Auch wenn der Streik am nächsten Tag mit Waffengewalt gebrochen wurde, so war doch deutlich geworden, wie viele Amsterdamer gegen die Judenverfolgungen waren. Rosa hatte ganz bei uns in der Nähe gesehen, wie neben dem Tramfahrer ein bewaffneter Polizist saß, um sicherzustellen, dass die Straßenbahnen wieder fahren würden.

Aber was war aus den vielen weggeführten Männern geworden? Was aus dem werdenden Vater, der mit einem unserer ehemaligen Waisenmädchen verheiratet war? Einige Wochen später kamen die ersten Todesnachrichten aus dem deutsch-österreichischen Konzentrationslager Mauthausen, dessen Namen ich bis dahin noch nie gehört hatte und wohin sie alle deportiert worden waren. Das Wort ›Mauthausen‹ wurde nun zum Inbegriff des Schreckens für uns – Mauthausen, das KZ. Nur wenige Tage vor der Geburt ihres ersten Babys erhielt auch die junge Mutter die Nachricht, dass ihr Ehemann, gerade zwanzig, den Lena und ich noch vor wenigen Wochen aus dem Büro von *Juffrouw* Frank hatten kommen sehen, ebenfalls ›verstorben‹ sei.

Von nun an kamen beinah wöchentlich neue Verbote für Juden heraus. Es schien, als sei eine Schonfrist abgelaufen. Auch nichtjüdische Niederländer, die nicht mit den Deutschen zusammenarbeiten wollten oder gar im Widerstand aktiv waren, wurden jetzt härter angepackt.

Frau Vromen gelang es trotzdem, uns immer wieder Freude zu machen. Gegen den erklärten Willen der Direktorin setzte sie durch, dass wir am Samstag auch mal braune Strümpfe statt der ewigen schwarzen tragen durften und im Sommer bei ganz besonderen Gelegenheiten sogar mal ein buntes Kleid. Eine Weile gehörte ich plötzlich zu den auserwählten Lieblingen von *Juffrouw* Frank, nachdem ich bei einem Fest im Waisenhaus tüchtig mitgeholfen hatte, ein besonders gelungenes Programm zusammenzustellen. Aber ich vertraute *Juffrouw* Frank nicht völlig, denn man wusste nie genau, wie lange welche Stimmung bei ihr anhielt. Ich hatte damals gerade ein Tagebuch begonnen und darin auch viel von meiner Wut über sie notiert. Als sie mich nun plötzlich anderen vorzog und für alles Mögliche mit Süßigkeiten belohnte, begann ich mich für meine Aufzeichnungen über sie zu schämen und warf mein Tagebuch ins Feuer des Küchenherds, bevor es jemand finden konnte.

Als ich gemeinsam mit Rosa meine Abschlussprüfung in der Haushaltungsschule bestanden hatte, fürchtete ich, meine Tage nun wieder im Heim zubringen zu müssen. Durch die Vermittlung von Frau Vromen konnten Rosa und ich jedoch eine zweijährige Ausbildung zur Säug-

Cilly (15) in ihrer neuen Uniform als Schülerin der
Säuglings- und Kinderpflege im Sommer 1941.

lings- und Kinderpflegerin in der *Crèche*, einem anerkannten Kindergarten in der Plantage Middenlaan, beginnen. Wie dankbar war ich Frau Vromen für diese Möglichkeit! Mit Freude trug ich vom ersten Tag an meine weiße Schwesternuniform. Auch Jutta und Tante Meta waren stolz auf mich.

Gleich gegenüber der *Crèche* lag die *Schouwburg*, ein imposanter Bau, der vor dem Krieg als Theater benutzt worden war. Es hieß damals *Hollandsche Schouwburg*. Ab 1940 durfte es nur noch von Juden benutzt werden und wurde in *Joodse Schouwburg* umbenannt. Noch deutete nichts darauf hin, dass dieses Haus von den Nazis bald für ganz andere Zwecke missbraucht werden würde.

ABGEHOLT

In der *Schouwburg* hatte man vor dem Krieg viel
gelacht: Beinah jeden Abend gab es dort Kabarettpro-
gramme, Chorabende und Theateraufführungen. Inzwischen sorgten die deutschen Besatzer dafür, dass
jüdische Menschen auch in den Niederlanden Tag für
Tag immer weniger zu lachen hatten. Am 10. Dezember 1941 wurden so genannte ›Anordnungen‹ erlassen,
nach denen es Juden ab sofort verboten war, öffentliche
Parks und Tiergärten, Restaurants und Hotels, Kinos
und Theater, Sportanlagen, Büchereien und Museen zu
betreten. Außerdem durften wir ab sofort keine Straßenbahnen mehr benutzen. Wer sich nicht daran hielt,
riskierte eine Gefängnisstrafe von sechs Monaten. Zum
Jahresende durften plötzlich auch die nichtjüdischen
Kolleginnen nicht mehr mit uns in der *Crèche* zusammenarbeiten und mussten von einem auf den anderen
Tag das Haus verlassen.

»Genau wie damals in Frankfurt«, sagte ich zu Suzy
und dachte dabei an Lisa, die meine schwarze Puppe
repariert hatte und später ebenfalls nicht mehr bei uns
bleiben durfte.

Die Direktorin der *Crèche*, Henriette Pimentel,[10]

99

war Ende Fünfzig, eine kleine, drahtige Person, die immer voller Energie steckte, und zum Glück nicht solche Launen hatte, wie ich es von *Juffrouw* Frank aus dem Heim kannte. Jeder mochte die *Directrice*, wie sie von allen angesprochen wurde, und ihren kleinen Hund Brunie. Es war ihr anzumerken, wie sehr sie die Kleinen ins Herz geschlossen hatte. Zu Rosa und mir sagte sie: »Ihr seid wirklich tüchtige Mädchen!« Darüber freuten wir uns sehr. Solche Freundlichkeit waren wir vom Heim her nicht gewöhnt.

Anfang 1942 besuchten wir nach längerer Zeit mal wieder Tante Meta in ihrer kleinen Wohnung in der Keizersgracht. In den Straßen wehte ein eisiger Wind und es sah aus, als würden die Grachten diesen Winter noch zufrieren. Wie immer hatte die Tante Gebäck für uns auf den runden Tisch gestellt und Tee gekocht, den sie in einer kleinen Silberkanne servierte, die sie noch immer nicht verkauft hatte. Erst als wir in der Wohnung waren und unsere Mäntel aufgehängt hatten, merkten wir, wie kalt es darin war.

»Wegen des Krieges kommt schon lange keine Post mehr von meinem Sohn aus Amerika«, erklärte sie und schlug sich den Schal enger um die Schultern. »Ich habe nicht immer genug zum Heizen, aber zum Glück noch Gas, um meinen Tee zu kochen.«

Jutta und ich schauten uns besorgt an. Wahrscheinlich hatte sie sich die Kekse für uns vom Mund abgespart. Als wir nur zögernd zugriffen, schimpfte sie mit gespielter Strenge: »Sagt bloß, ihr mögt mein Gebäck nicht mehr! Esst, die Kekse sind nur für euch!« Dabei lachte sie und nippte an ihrem Tee.

100

Mir fiel auf, dass ihre Hände zitterten. »Hast du genug Medikamente, Tante Meta?«, fragte ich sie direkt.

Aber sie wehrte ab und gab keine eindeutige Antwort: »Ach, die Medikamente! Die helfen mal und mal helfen sie nicht. Ich werde eben langsam alt und klapprig. Eigentlich sind es nur meine Beine, die mich nicht mehr so gut tragen wollen.«

Tante Metas Füße waren so geschwollen, dass ich mir kaum vorstellen konnte, wie sie überhaupt noch irgendwelche Schuhe anziehen konnte. Den Rest des Nachmittags sprachen wir wie meistens viel über früher, über das Leben in Frankfurt und wie sie aufgewachsen war als umsorgte Tochter in der wohlhabenden Familie Oppenheimer. »Und Schokoladenkuchen gab es bei uns sogar in der Woche, so viel du wolltest!«, beschwor sie alte Erinnerungen herauf. Und ohne sich um die Gegenwart zu kümmern, fügte sie beinah verschmitzt hinzu: »War aber auch nicht gut, eigentlich. Ich bin mit zwölf Jahren schon viel zu dick gewesen. Das ist auch nicht immer lustig für ein Mädchen in dem Alter, wenn die anderen sie ›Fettkloß‹ nennen.« Dabei schlug sie auf die abgeschabte Lehne ihres Sessels und lachte, als sei sie froh, dass zumindest diese Zeit des Spotts vorüber war.

Auf dem Rückweg verabredeten Jutta und ich, während der Handarbeitsstunden im Heim etwas für Tante Meta zu stricken. Auch wenn es immer weniger Wolle gab, für ein Paar Handschuhe würde es reichen.

Im Mai 1942 gab es eine neue Anordnung: Alle Juden ab sechs Jahren mussten ab sofort deutlich sichtbar auf ihrer Kleidung den gelben Stern tragen, in dessen Mitte das Wort *Jood* für ›Jude‹ zu lesen war. Im Büro von *Juffrouw* Frank wurde ein Riesenkarton vom Jüdischen Rat[11] abgegeben – randvoll mit diesen Stoffsternen. *Juffrouw* Roet regte sich am meisten darüber auf, dass sie aus so billigem Material gefertigt waren: »Die können unmöglich mit in die Wäsche, die färben bestimmt ab!« Also mussten wir sie vor jeder Wäsche abtrennen und danach wieder mühselig annähen. Es war verboten, sie nur mit einer Sicherheitsnadel zu befestigen. Mir machte es nichts aus, so einen Stern zu tragen. Zu Jutta meinte ich einmal: »Kein Grund sich zu schämen.« Ich konnte mir noch immer nicht vorstellen, warum es die Deutschen darauf anlegten, uns unübersehbar von allen anderen Niederländern zu unterscheiden.

Lange, sehr lange hatten wir schon keine Nachricht mehr von Mutter und Jossel aus Frankfurt. Ich machte mir Sorgen deshalb, sagte aber nichts zu Jutta. Nun kam auf einmal ein Brief von Tante Rosa aus dem Frankfurter Heim an Jutta und mich; darin stand nur, dass wir uns immer an sie wenden könnten, wenn wir etwas bräuchten. Wir verstanden nicht. Was sollte das bedeuten?

Wir gingen zu Tante Meta, die uns mit Tränen in den Augen öffnete. »Meine Schwester und eure Mama sind abgeholt worden ...«, stammelte sie.

»Woher weißt du das?«

Sie drückte uns stumm eine Karte in die Hand, auf der ich neben einer mir unbekannten Handschrift sofort die von Mutter erkannte. Nur zwei Sätze hatte sie notiert: »Jossel und ich sind in einem Zug nach Osten und hoffen, dass euch diese Karte erreicht. Uns geht es so weit gut.« Ich erschrak. Jetzt hatten wir gar keine Anschrift mehr von Mutter. Nach Osten ... wo würde das sein? Wie sollten wir Kontakt halten können? Ich ahnte zu diesem Zeitpunkt nicht, dass die Wirklichkeit all meine Befürchtungen wegen der fehlenden Anschrift längst in den Schatten gestellt hatte. Alles war viel schlimmer.

Ab Anfang Juli 1942 kamen die ersten schriftlichen Aufrufe ›zum Arbeitseinsatz in Deutschland‹ für die sechzehn- bis achtzehnjährigen Mädchen im Waisenhaus an. Dazu gehörten neben mir, Rosa, Suzy und Lena auch noch ein paar andere Mädchen. Jutta war vorerst nicht betroffen. Erschrocken schauten wir uns an. Was nun? Zurück nach Deutschland, wo es für uns noch viel gefährlicher war und Mutter vor beinah vier Jahren alles getan hatte, um uns außer Landes zu schicken?

Frau Vromen schaute einen Moment zu Boden. Dann richtete sie sich wieder auf, rückte ihre Brille zurecht und erklärte: »Ich kann noch nichts versprechen. Aber ich will alles tun, damit wir hier so lange wie möglich zusammenbleiben können.«

Auch Frau Vromen befürchtete also Schlimmstes von so einem ›Arbeitseinsatz‹. Für mich war zunächst am schlimmsten, dass dies die Trennung von Jutta bedeutete.

Die Aufrufe zur Deportation waren nicht alle für den gleichen Tag bestimmt. An dem Tag, an dem ich dran war, musste ich vorher allein zu einer Stelle, um ein Formular abzugeben, bevor ich dann am Abend mit

Gepäck erscheinen sollte. Dort traf ich zu meiner Überraschung einen Jungen, der damals im November 1938 mit mir zusammen aus Frankfurt gekommen war. Er hieß Sally und wirkte inzwischen viel männlicher. Wir freuten uns trotz des traurigen Anlasses über das Wiedersehen.

»Ich muss noch mal zurück ins Heim, um meine Sachen zu holen«, erklärte ich ihm.

»Aber wir sehen uns heute Abend doch wieder?«, fragte Sally.

»Ganz bestimmt.«

Im Heim nahm mich am späten Nachmittag Frau Vromen zur Seite und sprach leise auf mich ein: »Cilly, du wirst heute Abend nicht gehen ...«

»Aber ...« Ich stotterte und wusste nicht, was das bedeuten sollte.

Auf jeden Fall konnte ich erst mal bei Jutta bleiben. Am Abend, als ich im Bett lag, fiel mir Sally wieder ein, der Junge, dem ich versprochen hatte, wiederzukommen. Ich hörte draußen leise Regentropfen ans Fenster trommeln und hatte plötzlich ein schlechtes Gewissen gegenüber dem Jungen, dem ich nun nicht mal mehr etwas erklären konnte.

Frau Vromen hatte inzwischen alles versucht, um für uns Zurückstellungen zu erreichen. Dann geschah jedoch buchstäblich in letzter Minute das Wunder in Form einer ansteckenden Krankheit: Eines der kleineren Mädchen im Heim bekam Scharlach. »Gelobt sei der Herr!« Sofort setzte Frau Vromen alles in Bewegung, damit das ganze Haus unter Quarantäne gestellt wurde. Innerhalb weniger Stunden hatte sie jede Menge

Stempel vom Gesundheitsamt besorgt, die alle bestätigten, dass es ganz unmöglich sei, auch nur eine von uns auf Transport zu schicken, weil das die schlimmsten gesundheitlichen Folgen für die gesamte Außenwelt hätte. Wir lachten ausgelassen mit Frau Vromen, als sie uns von ihrem Erfolg berichtete. Auch ihr war die Erleichterung anzusehen. Ihre Brille saß schief, ihre Haare standen in alle Richtungen, aber sie atmete tief durch und meinte: »Das war nur die erste Runde, aber immerhin: Die haben wir gewonnen!«

Viele andere hatten nicht so viel Glück. Während wir nun wegen der Quarantäne nicht nach draußen gehen durften, sich aber aus Angst vor Ansteckung auch keine Polizisten oder Soldaten zu uns hereintrauten, wurde ab dem 18. Juli 1942 die *Schouwburg* gegenüber der *Crèche* zum zentralen Sammelplatz. Bis zum Ende der Deportationen im September 1943 wurden hier rund 18 000 Juden zusammengetrieben, etwa ein Drittel davon Kinder. Meist waren sie nur wenige Tage hier. Dreimal pro Woche wurden sie abends gegen 22 Uhr in einer Straßenbahn unter strenger Bewachung von der *Schouwburg* zum Hauptbahnhof gebracht, wo bereits Züge warteten, um sie ins Lager Westerbork [12] im Norden des Landes zu transportieren. Und von dort aus ging es nach Osten ...

Kurz darauf durfte die *Crèche* nicht mehr als normale Kindertagesstätte arbeiten, sondern hatte sich nur noch um die Kinder derjenigen Familien zu kümmern, die in der *Schouwburg* auf ihre Deportation warteten. All dies wusste ich noch nicht, als ich mit den anderen Mädchen zusammen im Waisenhaus saß und hoffte, dass wir noch ganz viele Fälle von Scharlach bekommen würden, immer wieder, bis ... bis dieser Krieg und die Besatzung endlich vorbei wären. Es gab viele Gerüchte, was mit den Menschen im Osten geschehen würde. Offiziell stand immer wieder ›zum Arbeitseinsatz‹ auf den Deportationsbefehlen. Aber wieso wurden dann auch Babys und alte Menschen abgeholt? Und was genau war mit all den Männern geschehen, die im Februar 1941 ins Konzentrationslager Mauthausen verschleppt worden waren und von denen kein einziger heimgekehrt war?

Mehr und mehr Menschen versuchten, sich den Abholungen zu entziehen, indem sie sich zum befohlenen Zeitpunkt nicht meldeten, sondern sich versteckten. Dafür wurde das Wort ›Untertauchen‹ erfunden. Ein ›Untergetauchter‹ war jemand, der von der Bildfläche verschwunden war und versuchte, für die deutschen Verfolger unsichtbar zu werden. Das ging im Prinzip auf zwei Arten: Entweder man hatte Freunde, die einem halfen, sich irgendwo auf einem Dachboden, in einem Keller oder sonst einem unzugänglichen Raum zu verbergen – und die dann natürlich für einen sorgen mussten, wollte man nicht verhungern. Oder man versuchte, jemand anderer zu werden, kein Jude mehr zu sein, sondern irgendein christlicher Niederländer mit einem anderen Namen und einer anderen Geschichte. Beides haben Menschen probiert. Beides war riskant.

Als die deutschen Besatzer merkten, dass immer weniger Menschen den Aufrufen zur Deportation freiwillig Folge leisteten, wechselten sie zu einer neuen Taktik: Sie holten die Juden aus ihren Häusern – unange-

106

meldet, irgendwann nachts oder am frühen Morgen. Und dann trieben sie sie, so wie sie waren, zusammen und brachten sie zur *Schouwburg*. Die Deutschen machten keine Angaben, was mit denen geschah, die nach Osten transportiert wurden. Keinen Zweifel ließen sie aber daran, was mit jenen geschehen würde, die sich nicht freiwillig meldeten oder gar die Adresse verließen, unter der sie sich 1941 hatten registrieren lassen müssen. Am 7. August 1942 wurde folgende Bekanntmachung herausgegeben, die Frau Vromen auch bei uns im Heim veröffentlichen musste. Sie tat es ohne weiteren Kommentar, schaffte es aber, ihrer Stimme einen Klang zu geben, der ihre Verachtung für solche Einschüchterungsmaßnahmen deutlich erkennen ließ:

»1. Alle Juden, die nicht unmittelbar dem Aufruf zum Arbeitseinsatz Folge leisten, werden gefangen genommen und ins Konzentrationslager Mauthausen gebracht.

2. Alle Juden, die keinen Judenstern tragen, werden ins Konzentrationslager Mauthausen gebracht.

3. Alle Juden, die ohne Zustimmung der deutschen Autoritäten ihre Adresse verändern – und sei es auch nur vorübergehend – werden ebenfalls ins Konzentrationslager Mauthausen gebracht.« [13]

Mauthausen, Mauthausen, Mauthausen ... Das Wort hatte schon seit Februar 1941 einen grausam drohenden Klang bekommen, ein neu geschaffener Begriff, der gleichbedeutend mit Terror und Todesangst geworden war. Auch in der Rapenburgerstraat wurden Menschen aus den Häusern geholt. Da inzwischen wegen des Luftkriegs der Deutschen mit England abends alle

Fenster verdunkelt sein mussten und keine Straßenlaternen brennen durften, war es oft pechschwarz draußen. Und aus dem Dunkel hörte man dann Männerstimmen sich nähern, die irgendwelche Befehle auf Deutsch, aber öfter noch auf Holländisch brüllten, denn die holländische Polizei machte mit. Mit Fäusten und Gewehrkolben wurde auf Türen geschlagen: »Aufmachen! *Iedereen meekomen*!« Dann blitzten die elektrischen Taschenlampen auf und man konnte verängstigte Gestalten hin und her huschen sehen. Alte Leute, die nicht so schnell laufen konnten, wurden angetrieben. Mütter versuchten, ihre heulenden Kinder zu beruhigen.

Manchmal versuchte auch jemand, im letzten Augenblick zu entkommen, übers Dach oder den Hinterhof. Dann wurde erneut gebrüllt: »Halt! Stehen bleiben!« Zuweilen fielen Schüsse. Einmal schien jemand getroffen zu sein. Wir hörten in unseren Betten im Obergeschoss einen jungen Mann entsetzlich aufschreien. Es war verboten, die Milchglasrahmen nach oben zu schieben. Aber manchmal taten wir es doch, nur einen schmalen Spalt. Niemand konnte das von unten sehen. Wir konnten aber nichts mehr von jenem jungen Mann erkennen. Nur die Mutter der Zwillinge, die schräg gegenüber wohnte und deren Ehemann schon im Februar 1941 abgeholt worden war, stand unten verängstigt neben ihrer Haustür, an jeder Hand einen der beiden Jungen. Der eine heulte, der andere schaute nur starr zu Boden. Sie waren höchstens fünf oder sechs Jahre alt. Sonst hatte sie nichts bei sich, keine Tasche, keinen Koffer, nur an jeder Hand ein Kind, und so wurde sie vorwärtsgetrieben zu einer Gruppe Nachbarn, die ebenfalls entdeckt worden waren. Wir schoben den Rahmen lautlos wieder nach unten und lagen dann schweigend in unseren Betten. Allmählich wurde es wieder ruhig im Viertel. »Ich weiß gar nicht, ob mein Vater noch da ist«, flüsterte Lena leise in meine Richtung.

»Ich habe Angst um Jutta«, antwortete ich. »Ich weiß nicht, wie lange ich sie noch beschützen kann.«

»Ich muß morgen hier raus, um zu schauen, wie's bei uns daheim ist«, redete sie leise weiter.

Und ich flüsterte: »Jutta muß überleben, das habe ich mir und meiner Mama versprochen.«

Dann drehte sich Lena auf die Seite. Aber ich merkte an ihrem unruhigen Atem, dass sie noch lange wach lag.

Kurz bevor die Quarantäne wieder aufgehoben wurde, weil sich beim besten Willen kein neuer Scharlachfall mehr finden ließ, hatte Frau Vromen bereits mit Frau Pimentel, der *Directrice* aus der *Crèche*, einen neuen Plan für uns entworfen: Alle älteren Mädchen, die im Waisenhaus oder in der *Crèche* bei den täglichen Arbeiten mithalfen, sollten über den Jüdischen Rat einen inzwischen eingeführten Stempel bekommen, der bezeugte, dass sie hier eine den Deutschen besonders nützliche Arbeit leisteten und deshalb ›bis auf weiteres vom Arbeitseinsatz freigestellt‹ wurden. Es gelang, dass wir vier, Rosa, Suzy, Lena und ich, diesen Stempel bekamen. Endlich konnten wir uns wieder einigermaßen ohne Angst auf der Straße bewegen und zu den Kleinen in die *Crèche* zurückkehren.

Die Arbeit mit den Kindern war völlig anders als früher. Jeden Tag konnten Kinder, die gestern noch da waren, weg sein. Dann kamen plötzlich wieder neue Mädchen und Jungen, die einen unruhig und verängstigt, die andern völlig passiv und verschlossen, als hätten sie sich bereits gänzlich von dieser verrückten Erwachsenenwelt in sich selbst zurückgezogen. Und schließlich gab es eine neue Gruppe so genannter Findelkinder, meist Säuglinge, die ihre verzweifelten Eltern kurz vor der Deportation irgendwo so ausgesetzt hatten, dass sie eine gute Chance hatten, gefunden zu werden und auf diese Weise vom Transport in den Osten verschont zu bleiben. Hinzu kam, dass unsere *Directrice* nicht mehr allein zu entscheiden hatte, sondern ihr von nun an alle möglichen SS-Offiziere übergeordnet waren. Sie konnten jederzeit unangemeldet erscheinen und spielten sich auf wie die Götter, indem sie willkürlich irgendwelche Kinder mitnahmen und andere zurückließen. Für den Jüdischen Rat war ein deutscher Jude zur Aufsicht über die *Schouwburg* und die *Crèche* angestellt, der selbst mit seiner Frau aus Nazideutschland geflüchtet war. Er war ein kräftiger Mann, etwa Ende Dreißig, mit gelockten rötlich-blonden Haaren. Sein Name war Walter Süskind und er schaffte es offensichtlich, mit einem der höheren SS-Offiziere immer wieder darüber zu verhandeln, wann welche Kinder von Transporten zurückgestellt werden konnten.

Wir merkten schnell, dass zwischen der *Directrice* und Walter Süskind ein besonderes Vertrauensverhältnis bestand, und so begannen auch wir, ihm zu vertrauen. Auch wenn er mit einigen der Wachleute einen Schnaps trank oder mit einem der Offiziere Witze austauschte, wussten wir inzwischen, dass er sich nicht anbiederte, sondern ihnen Informationen entlockte oder die Aufmerksamkeit der Wachleute ablenkte. Wie nützlich das war, sollte ich bald selbst merken. Eines Tages fiel mir auf, wie Walter Süskind am Eingang zur *Crèche* angeregt mit einem Soldaten sprach, während Sieny, eine der ausgebildeten Kinderpflegerinnen, mit einem leeren Transportkarren zurückkehrte, in dem gewöhnlich mehrmals am Tag Essen und Getränke zu den Menschen in die *Schouwburg* gebracht wurden. Sie nickte Walter Süskind unauffällig zu, während der sie gar nicht zu bemerken schien. Kaum war sie im Gebäude und außer Sicht des Soldaten, rief sie einer Kollegin leise etwas zu, was ich nicht genau verstand. Diese lief zu ihr und schaute sich noch einmal vorsichtig nach allen Seiten um.

Ich verstand erst nicht, warum sie so vorsichtig taten, und blieb stumm im Gang hinter einer Tür stehen. Dann aber vernahm ich ein leises Wimmern aus dem unteren Teil des Karrens, der mit einem großen weißen Tuch verhängt war. Saßen dort etwa ...? Tatsächlich: Unter der Decke hockten vier Knirpse, die jetzt von Sieny und ihrer Kollegin hochgenommen und in einen Raum am anderen Ende des Flurs getragen wurden. »Mama?«, hörte ich einen der Kleinen ängstlich fragen.

Ein anderes Mal hörte ich, wie sich Sieny und Virrie über zwei Kinder unterhielten, die unterschiedliche Haarfarben hatten. Der älteste Junge, der höchstens drei war, hatte dunkle Locken. »Der kommt nach Limburg in den Süden, da geht der Kaffee hin«, meinte Virrie.

»Und der blonde Zwerg?«

»Das ist Tee, der geht hoffentlich mit nach Friesland, da sind die meisten Kinder blond und er fällt weniger auf.«

Rosa, Suzy und ich waren an dieser illegalen Arbeit nicht beteiligt, aber es war unvermeidlich, dass wir einiges mitbekamen. Es gehörte viel Mut dazu, um Kinder aus der *Schouwburg* zu retten und in sichere Verstecke außerhalb Amsterdams zu bringen. Oft dachte ich: Wie schwer muss es für die Eltern sein, sich von ihren Kindern zu trennen. Und wer weiß, wann oder ob sie sich überhaupt jemals wieder sehen werden? Es gab ja keine Garantie, dass alles gut ginge. Die anderen berichteten, dass in dem großen Theatersaal der *Schouwburg* eine ungeheure Anspannung herrschte. Der Saal war nur provisorisch als Quartier für so viele Menschen eingerichtet worden. Es gab noch die Stuhlreihen, die Seitenbalkone und natürlich die Bühne, von der aus Mitteilungen bekannt gemacht wurden. Im Foyer hatte der Jüdische Rat Tische aufgestellt, um die endlose Registratur der vielen Menschen zu erledigen. Später erfuhr ich, dass auch durch das Verschwindenlassen der hierbei benutzten Karteikarten noch einige Erwachsene aus der *Schouwburg* gerettet wurden. Für die allermeisten Menschen, die einmal hier gelandet waren, gab es jedoch kein Entrinnen mehr.

Tante Meta war bisher nicht abgeholt worden. Einmal besuchte ich sie gemeinsam mit Rosa. Wir trugen beide unsere Schwesternuniformen und Tante Meta schlug angesichts des milden Wetters übermütig vor, doch einen kleinen Spaziergang entlang der Keizersgracht zu machen: »Wenn ihr mich links und rechts unterhakt, dann geht es.« Ich war erschrocken, wie schwach sie tatsächlich war. Sie hing in unseren Armen und hätte es ohne unsere Hilfe keine fünfzig Meter weit geschafft.

»Ach, Cilly«, sagte sie guten Mutes, »ich glaube nicht, dass sie so eine alte Frau wie mich noch zum Arbeiten holen. Ich wäre denen doch nur eine Last.«

»Das wäre wirklich völliger Unsinn, Frau Javitz«, unterstützte Rosa sie. Ich sagte nichts und hoffte nur, dass die beiden Recht behalten mochten.

»Mit euch beiden an der Seite kann mir jedenfalls nichts passieren«, meinte sie abschließend, als wir mit langsamen Schritten wieder ihr Zuhause erreicht hatten. Ich versprach, ihr das nächste Mal die selbst gestrickten Handschuhe mitzubringen. Es war das letzte Mal, dass ich Tante Meta sah.

Nur wenig später, an einem Samstag, kurz vor unserem Ausgang, kam *Juffrouw* Roet zu Jutta und mir und fragte vorwurfsvoll: »Wann wart ihr das letzte Mal bei Frau Javitz? Da braucht ihr nicht mehr hin! Die ist heute Nacht abgeholt worden ...« Genau so erfuhr ich es. Einfach so, als sei ein Paket abgeholt worden, kein Mensch. Ich war unendlich traurig, aber konnte zum ersten Mal nicht mehr weinen. Nichts, keine Träne. Jutta und ich beschlossen, ihr die Handschuhe nach Westerbork zu schicken. Bestimmt würde es dort in den Holzbaracken nachts sehr kalt sein.

In den kommenden Wochen tat ich alles, um die *Directrice* bei ihrer Arbeit zu unterstützen. Von ihren illegalen Aktionen hatte ich keine Ahnung. Aber ich wusste

genau, worum es ging und dass jeder von uns tun musste, was möglich war. Die *Directrice* bewunderte ich sehr
für ihren Mut und ihre Geduld, obwohl sie doch schon
lange keine junge Frau mehr war. Niemals beklagte sie
sich. Und nur einmal habe ich sie in all den Monaten
wirklich am Ende ihrer Kraft erlebt. Das war, als Remy
abgeholt wurde. Remy war als Findelkind zu uns gekommen und vom ersten Tag an hatte sie das Kleinkind
unter ihre besondere Obhut genommen. Niemand
kannte seinen richtigen Namen und es war nicht einmal
hundertprozentig sicher, dass der Junge jüdisch war.
Aber nachdem es eine Zeit lang eine richtige Welle von
Findelkindern gegeben hatte, die daraufhin als christliche Kinder in christlichen Familien aufgenommen worden waren, hatten die Deutschen befohlen, dass ab sofort alle ausgesetzten Säuglinge als jüdische Kinder zu
behandeln seien.

Remy war ein so niedliches Kind, dass selbst einige
der SS-Leute verrückt nach ihm waren. Einer der Wachleute schenkte ihm sogar einen großen Teddybär. Aber
gerade das wurde ihm zum Verhängnis. Denn dadurch,
dass sie immer wieder nach dem Kleinen fragten, konnten die *Directrice* und Walter Süskind ihn nicht einfach
untertauchen lassen. Eines Tages stand Remys Name
auf der Liste und niemand hatte noch eine Idee, um ihn
da wieder zu streichen. Er ging mit seinem großen Ted-
dy unter dem Arm.

Das für mich Schrecklichste geschah am 10. Februar 1943, als ich wie immer morgens früh zur Arbeit in
die *Crèche* gegangen war – an diesem Tag ohne Rosa
und Suzy, die Spätdienst hatten. Am Vormittag erreichte

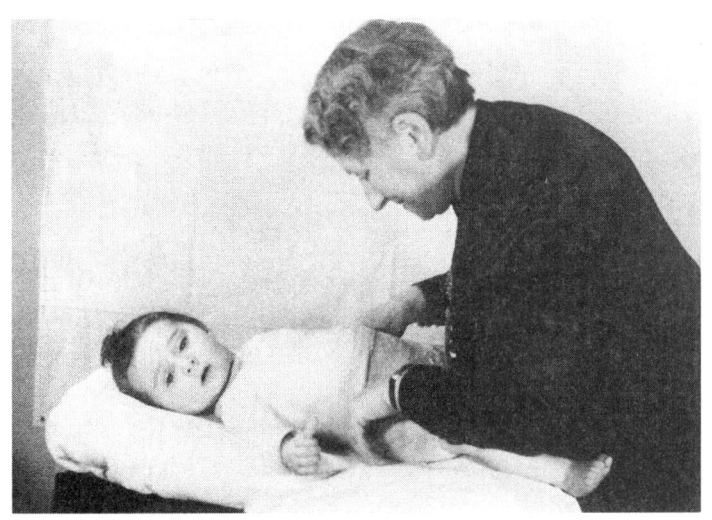

Henriette Pimentel, die ›Directrice‹ der ›Crèche‹, mit dem kleinen Remy, 1942.

mich dort die Nachricht, dass am selben Morgen alle Waisenhäuser Amsterdams ›geschlossen abgeholt‹ worden seien, auch unser Mädchen-Waisenhaus in der Rapenburgerstraat! Ich erstarrte vor Entsetzen – wo war Jutta? Ohne mich umzuziehen, rannte ich die paar Straßen von der *Crèche* bis zum Heim. Als ich in der Rapenburgerstraat ankam, war das Haus leer. Ein Umzugswagen stand vor der Tür und ein paar Männer hatten begonnen, Möbel aus dem Gebäude zu tragen. Wo waren die anderen Mädchen? Wo waren Suzy, Rosa und Lena? Wo Frau Vromen und die alte *Juffrouw* Frank? Und was, um Himmels willen, war mit meiner Schwester Jutta geschehen?

JAKOV

Wohin hatte man die Kinder und Erwachsenen der Amsterdamer Waisenhäuser gebracht? Mein erster Gedanke war die *Schouwburg*, aber da war mir kein größerer Transport von Kindern aufgefallen. Das hätte ich bestimmt von der *Crèche* aus bemerkt. So lief ich erst mal zurück zu meiner Arbeitsstelle, denn ich wusste, dass ich jetzt unbedingt Hilfe brauchen würde, wenn ich noch etwas für meine kleine Schwester tun wollte. In der Halle traf ich auf die *Directrice* und auf Virrie, die mir bestätigten, dass nicht nur unseres, sondern auch alle anderen Heime in Amsterdam betroffen waren. Bei ihnen stand Sam, der als Fahrer für den Jüdischen Rat arbeitete. Er wusste inzwischen mehr. »Die sind alle zum Güterbahnhof an die Panamakade gebracht worden«, sagte er. »Man wollte Aufsehen in der Stadt vermeiden und hat deshalb die vielen Kinder gar nicht erst in der *Schouwburg* versammelt. Noch heute Abend soll der Zug nach Westerbork abfahren.«

Die *Directrice* ergänzte: »Sam hat den Auftrag, mit einem Lieferwagen Verpflegung dorthin zu bringen.«

Sofort ergriff ich seinen Arm: »Sam, bitte, ich will mit! Ich muss Jutta da rausholen!«

Virrie versuchte mich zu beruhigen: »Nicht so laut, Cilly! Sei froh, dass du heute Morgen hier bei der Arbeit warst!«

Und die *Directrice* fügte hinzu: »Das hat keinen Sinn, Kind. Wenn die merken, dass du eigentlich auch zum Mädchen-Waisenhaus gehörst, werden sie dich festhalten und dann kannst du gar nichts mehr machen.«

Aber mir war inzwischen alles egal: »Ich kann Jutta nicht allein lassen! Das habe ich unserer Mutter versprochen. Bitte, nimm mich mit zum Bahnhof, Sam!« Ich spürte, dass mir Tränen über die Wangen liefen.

Sam räusperte sich zweimal. Es war ihm anzumerken, dass ich ihm Leid tat, er andererseits die Warnung der *Directrice* jedoch sehr ernst nahm. Schließlich sagte er, ohne uns anzuschauen: »Ich will versuchen, das für dich in Ordnung zu bringen, Cilly. Aber du kannst nicht mitkommen zum Bahnhof.« Bevor ich ihm danken konnte, fragte er noch: »Hast du einen Platz zum Schlafen für sie, falls ich sie freibekomme?«

Natürlich hatte ich keine Idee, aber mir würde schon etwas einfallen. Ich nickte. Sam drückte mir die Hand und ging über die Straße zur *Schouwburg*, wo sein Lieferwagen inzwischen voll geladen war.

In den folgenden Stunden hielt ich es kaum aus vor Angst. Mir wurde plötzlich klar, dass ich nicht nur für Jutta, sondern für uns beide einen Platz zum Schlafen finden musste. Voller Sorgen sah ich Sams Auto hinterher und ging dann mit schweren Schritten hinüber zur *Crèche*. Virrie versuchte mich zu trösten, aber ich konnte mich zum ersten Mal überhaupt nicht auf meine Arbeit konzentrieren. Was war aus Suzy, Rosa und Lena geworden? Hätte ich Sam nicht auch nach ihnen fragen müssen? Alle paar Minuten lief ich hinunter zum Eingang, der zur Straße führte, aber Sam und sein Auto waren nirgends zu sehen.

Ich konnte an diesem Tag kaum richtig arbeiten. Meine Hände zitterten und jeder sah, dass ich in größter Sorge war. Am frühen Nachmittag nahm mich die *Directrice* zur Seite und sagte: »Ich war in der Mittagspause beim Jüdischen Rat. Sie haben für dich eine Familie in Amsterdam-Süd. Und für Jutta finden wir auch noch was.«

Ich war ihr so dankbar für diese Worte, denn das bedeutete, dass auch sie daran glaubte, dass Jutta mit Sam zurückkommen würde. Etwas später ermutigte mich auch noch ein anderes Mädchen, Netty, die noch bei ihren Eltern wohnte: »Wenn alle Stricke reißen, kannst du die nächsten Nächte bei uns bleiben ...«

Dann, am späten Nachmittag, draußen begann es bereits zu dämmern, rief mich die *Directrice*: »Cilly, komm schnell zum Seitenausgang. Sam ist zurück!« Natürlich – das war viel klüger von Sam gewesen, als mit dem Wagen vor dem Haus zu parken, wo man ihn auch von der *Schouwburg* hätte sehen können. Ich rannte die wenigen Treppen hinunter und entdeckte im ersten Moment nur Sam.

»Wo ist Jutta?«, rief ich. War es doch schief gegangen?

»Pssst!« Sam legte einen Finger auf den Mund. Und dann rief er leise in das Innere des Autos: »Du kannst jetzt rauskommen, Jutta.« Unter einem Berg von Kleidung, der auf dem Boden des Wagens lag, bewegte sich plötzlich etwas – und Jutta krabbelte mit steifen Gliedern hervor. Ich konnte meine Freude kaum fassen! Sam hatte es tatsächlich geschafft!

Inzwischen war auch die *Directrice* hinzugekommen und trieb uns an, schnell nach drinnen zu gehen. Jutta humpelte etwas, als sie die Treppen vor mir hinauflief. »Ist was passiert?«, fragte ich sie.

»Nein, nur mein linkes Bein ist eingeschlafen«, sagte sie und lachte.

Auch ich musste plötzlich lachen. Endlich begann sich die Spannung zu lösen. »Wie hat dich Sam eigentlich gefunden?«, fragte ich sie.

»Sam ist besser als Sherlock Holmes und Doktor Watson zusammen«, antwortete Jutta. »Da waren Leute vom Jüdischen Rat, die sagten zu mir, ich solle nicht in den Zug einsteigen. Aber ich wollte mich doch von meinen Freundinnen verabschieden. Ich hörte nicht auf sie und lief ganz schnell zu dem Waggon, wo die andern und auch die alte *Juffrouw* Frank still und traurig saßen. Ich verabschiedete mich von jeder einzeln, auch von *Juffrouw* Frank. Einige freuten sich sogar mit mir und riefen: ›Jutta, du bist frei!‹ Dann erst kletterte ich wieder aus dem Zug und ging zurück zum Jüdischen Rat. Und da nahm mich auf einmal Sam bei der Hand und hob mich kurz darauf ins Auto. Er sagte, ich dürfe keinen Ton sagen und mich nicht bewegen. Dann warf er die ganzen alten Kleider über mich. Und deshalb ist mein Bein eingeschlafen ...«[14] Juttas Augen glänzten. Ob sie den Ernst der Lage wirklich verstanden hatte? Alles war so schnell für sie gegangen. Was für ein Tag!

Draußen war es inzwischen richtig dunkel geworden. Mittlerweile hatte ich auch eine Idee, wo Jutta schlafen könnte. Ich fragte Netty, ob Jutta an meiner Stelle vorläufig bei ihr wohnen könne, weil ich voraussichtlich bei einer Familie in Amsterdam-Süd unterkäme. Netty stimmte sofort zu. Jutta war inzwischen so müde, dass ihr alles recht war. Bevor ich weiter grübeln konnte, erreichte mich über eine gemeinsame Bekannte die Nachricht, dass Lena und Rosa mitgenommen worden waren, Suzy aber vor dem Transport geflohen war. In allerletzter Sekunde sei sie über eine Leiter zum Nachbarhaus entkommen und habe sich dort stundenlang versteckt. Nun halte sie sich irgendwo in Amsterdam auf. Wenn ich sie jetzt nur hätte treffen können! Aber erst mal musste ich dankbar sein, dass Jutta bei mir war und es noch Hoffnung auf ein Wiedersehen mit einer Freundin gab, egal, wie lange es noch dauern würde.

Was ich niemandem sagte, war, dass ich trotz der tröstlichen Nachricht über Suzy doch zutiefst unsicher über mein zukünftiges Quartier war. Seit ich klein war, hatte ich in keiner Familie mehr gelebt. Wie ging das überhaupt? Würde ich wieder alles falsch machen? Und falls es keine gläubigen Juden waren, wie sollte ich dann koscher essen? Hatte ich überhaupt das Recht, um etwas zu bitten? Ein paar Kolleginnen in der *Crèche* schienen meine Unsicherheit zu spüren. Jedenfalls sagte eine von ihnen nach Feierabend zu mir, als Jutta und Netty schon eine Weile weg waren und ich den Aufbruch nicht weiter hinausschieben konnte: »Cilly, wir bringen dich hin. Dann brauchst du nicht allein den

120

langen Weg bis Amsterdam-Süd zu gehen.« Ich war sehr erleichtert. Die *Directrice* hatte mir die Anschrift auf einem Zettel notiert: Familie Jaap Granaat, Niersstraat 1.

»Die Niersstraat kenne ich!«, rief Lilly, eine andere Schwesternschülerin, die nicht viel älter war als ich. »Das ist ganz in der Nähe vom Merwedeplein.«[15]

Es war ein weiter Weg durch die kalte, dunkle Februarnacht vom Zentrum bis nach Amsterdam-Süd. Wir sprachen nicht viel. Jede von uns trug den Stern, und als an einer Stelle das Mondlicht auf uns fiel, sah es einen Moment so aus, als würden nur unsere Sterne noch das matte Licht reflektieren und einsam durch die Nacht tanzen. Nach beinah einer Stunde hatten wir unser Ziel erreicht. Der Name ›Granaat‹ war trotz der Dunkelheit neben dem Klingelknopf zu erkennen. Als ich draufdrückte, hörten wir ein schwaches Läuten in einem der oberen Stockwerke. Einen Moment später sprang die Tür auf, deren Schnappschloss durch eine Schnur von oben geöffnet worden war. Vorsichtig lugte ich durch den Spalt und sah eine steile Treppe nach oben führen. Auf dem Treppenabsatz stand ein Junge in meinem Alter und schaute ebenso neugierig herunter. Das Nächste, was ich sah, war ein Foto des rauschebärtigen Theodor Herzl, des Begründers des Zionismus, das hinter dem Jungen im Treppenhaus hing. Ich atmete auf. Es war also ein jüdisch-zionistisches Haus, das heißt, die Leute, die hier wohnten, träumten wahrscheinlich ebenfalls von der Auswanderung nach Palästina.

Ich drehte mich zu Lilly und den anderen um und

sagte: »Alles in Ordnung! Da oben hängt ein Foto von Herzl! Danke, dass ihr trotz der Kälte mitgekommen seid.«

»Morgen früh in der *Crèche* musst du alles genau erzählen«, sagte Lilly zum Abschied. Dann umarmten wir uns alle noch einmal und ich stieg allein die Treppen nach oben.

Dort stand noch immer der Junge, von dem ich erst dachte, das er zur Familie gehören müsse.

»*Goedenavond*«, grüßte ich ihn auf Holländisch.

»Hallo!«, antwortete er auf Deutsch. »Ich bin Jakov aus Wien und hier auch nur zu Gast. Bist du Cilly?«

Mein Kommen war offensichtlich angekündigt worden. Jakov trug seine dichten, dunkelblonden Haare gescheitelt und zurückgekämmt. Er musterte mich aufmerksam. Offensichtlich gefiel ihm, was er sah. Er gab mir die Hand und meinte verschwörerisch: »Endlich Verstärkung! Der Granaat ist ein kleiner Tyrann, da müssen wir zusammenhalten.«

»Wie alt bis du denn, Jakov?«

»Beinah sechzehn«, antwortete er und richtete sich auf, wie um sich etwas größer zu machen. Ich war schon siebzehn, aber weil er nicht fragte, sagte ich es nicht.

Dann rief jemand von drinnen und wir gingen zusammen ins Wohnzimmer, wo die ganze Familie noch zusammen beim Abendessen saß. Ich musste jedem die Hand geben, erst Herrn Granaat, Mitte Dreißig, ein ehemaliger Buchhalter, der jetzt eine Umschulung als Mechaniker machte – »ein richtiger Beruf, so was braucht man in Palästina«, meinte er –, dann seiner Frau, die ein Baby auf dem Arm hielt, und schließlich Oma Granaat, die ein paar Äpfel schälte. Außer mir waren vom Flüchtlingskomitee des Jüdischen Rats noch drei andere Kinder hierher geschickt worden: ein etwa dreijähriges Mädchen, das kein Wort sagte, dann Jakov und außerdem Klara, die etwas jünger als ich schien und mit der ich ein Zimmer im zweiten Stock teilen sollte. Für die Flüchtlingskinder und nun auch für mich bezahlte das Komitee den Unterhalt.

Anfangs war ich beindruckt von so viel Familienleben auf einmal. Außerdem hatte ich noch nie ein Zimmer beinah nur für mich gehabt. Es wurde ein weiterer Stuhl für mich an den Tisch gestellt. Das Essen schmeckte gut und wärmte mich nach dem langen Weg durch die Kälte. Jakov ließ mich die meiste Zeit nicht aus den Augen. Er ging wie Klara noch zur Schule. Ich war die Einzige, die schon eine Lehre machte. »Wann musst du morgen aufstehen?«, fragte Herr Granaat nach dem Essen. Ich musste einen Moment nachdenken, weil der Weg von hier aus doch viel weiter war. Doch da meinte er schon: »Oben steht ein Wecker für dich und Klara. Den kannst du selbst stellen.«

Dann zeigte mir Klara das Zimmer. Es war ganz oben im Haus, noch höher gab es nur noch den Dachboden, wo die Kohlen lagerten. Das Zimmer war klein, aber doch mit dem Nötigsten eingerichtet. Klara hatte ein richtiges Bett und ich eines, das man tagsüber an der Wand hochklappen konnte. Vorm Schlafengehen lief ich noch einmal hinunter, um die Toilette zu benutzen. Dabei begegnete ich Jakov, dessen Zimmer auf diesem Stockwerk lag. »Schlaf gut«, sagte er leise und schaute mich wieder so durchdringend an wie während des Abendessens. Sein Blick machte mich unsicher, aber ich versuchte, mir nichts anmerken zu lassen, und schaute ihm ebenfalls direkt in die Augen. »Du auch, Jakov.«

Als ich später im Bett lag und Klaras gleichmäßige Atemzüge andeuteten, dass sie schon eingeschlafen war, hörte ich noch lange den großen, altertümlichen Wecker auf einem kleinen runden Holztisch direkt neben meinem Bett laut ticken. Ich stellte ihn hinunter auf den Teppich, aber es half nicht viel. Er tickte und tickte und ich dachte: So ist das also, wenn man in einer Familie wohnt. Aber was wusste ich da schon ...

Es war draußen noch dunkel, als mich das Ungetüm laut bimmelnd aus dem Schlaf riss. Schnell ging ich hinunter, um mich zu waschen und dann wieder nach oben, um mich anzukleiden. Als ich in die Küche kam und fragen wollte, was ich frühstücken dürfte, war nur Herr Granaat dort zu sehen. Er war noch unrasiert und schaute längst nicht mehr so freundlich drein wie am Vorabend. Dann schob er mir aber doch eine dünne Scheibe Brot mit etwas Sirup zu. »Du kannst doch bei der Arbeit frühstücken, oder?«, brummte er. Ich wagte nichts dagegen einzuwenden und zog wenig später hungrig los. Die anderen schliefen noch.

Natürlich berichtete ich ausführlich von meinem ersten Abend in der Niersstraat. Lilly hörte eine Weile aufmerksam zu und fragte dann: »Und gefällt dir der Junge aus Wien?«

»Weiß ich noch nicht«, entgegnete ich.

124

Dann wollte ich wissen, ob jemand etwas Neues von Rosa, Suzy oder Lena erfahren hatte. Suzy hatte mit der *Directrice* sprechen und sich von ihr trösten lassen können. Sie war inzwischen ebenfalls bei einer Familie in Amsterdam untergebracht. Von Rosa ging das Gerücht, dass sie später noch vom Zug aus hatte fliehen können. Nur von Lena gab es keine guten Nachrichten.

Am Abend war Jakov schon lange von der Schule zurück, als ich heimkam. Bevor ich zu den anderen ins Wohnzimmer ging, berichtete ich ihm davon, dass ich am Morgen kaum etwas zum Frühstück erhalten hatte. »Siehst du«, Jakov nickte, »so ist der – dabei bekommt er genug Geld, um uns ausreichend zu essen zu geben.«

Auch am zweiten Abend wurde während des Essens nicht viel geredet. Niemand fragte mich etwas und so löffelte ich still meine Suppe vor mich hin. Danach ging ich hinauf in mein Zimmer. Klara blieb noch unten, um sich alte Filmzeitschriften anzuschauen. Ich wusste wenig von ihr, auch nicht, woher sie genau kam, nur dass sie einmal Schauspielerin werden wollte. Für mich war das kleine Zimmer etwas so Besonderes, dass ich gern die unbekannte Ruhe genießen mochte. Ich lag auf dem Bett und lauschte den noch unbekannten Geräuschen im Haus. Irgendwo ließ jemand Wasser laufen. Wie es Jutta wohl bei Netty getroffen hatte? Dann hörte ich Schritte. Einen Augenblick später klopfte es vorsichtig an der Zimmertür. Ich stand auf und öffnete. Jakov stand mit einem Blecheimer in der Hand auf dem Flur.

»Willst du Bücher von mir leihen? Ich habe ein paar deutsche Bücher, die ich dir gerne geben kann.« Er sprach so leise, dass man uns unten nicht hören konnte.

»Danke«, antwortete ich. »Und was machst du hier oben mit dem Blecheimer?«

»Ich soll Kohlen runterbringen. Das gehört hier zu meinen Aufgaben.« Dann lächelte er plötzlich: »Ich stehe schon ein paar Minuten vor deiner Tür. Aber ich wusste nicht, ob ich dich stören darf.«

»Aber du störst doch nicht!«, rief ich und musste lachen, weil er immer noch den leeren Eimer in der Hand hielt, während er mir ganz direkt in die Augen schaute.

»Nicht so laut ...«, flüsterte er und winkte mir zu, ein paar Schritte mit ihm Richtung Dachboden mitzugehen.

Hier stellte er endlich den Eimer ab und nahm sachte meine Hand. »Du bist so schön, Cilly«, sagte er mit heiserer Stimme. Ich war froh, dass es hier dunkler war als vor meinem Zimmer, denn natürlich war ich rot geworden und wusste absolut nicht, was ich darauf sagen sollte. Unvermittelt ließ er meine Hand wieder los, packte den Eimer und schaufelte ihn im Akkord voll Kohlen, als würde er dafür bezahlt.

Als er danach bei mir vorbeikam, drückte er mir einen Kuss auf die Wange und sagte: »Morgen bringe ich dir Bücher.« Dann lief er die Treppe mit dem vollen Eimer nach unten.

Mir schlug das Herz bis zum Hals. Ich betastete meine Wange an der Stelle, wo er mich geküsst hatte, und bemerkte eine Spur von Kohlenstaub auf meinen Fingerspitzen. Ich glühte innerlich, ein Gefühl, das ich nie zuvor erlebt hatte. Warum war er nur so schnell weggelaufen? Ich traute mich nicht, zu seinem Zimmer zu gehen. Und unten im Wohnzimmer bei den anderen wollte ich schon gar nicht sitzen. Ich ging früh zu Bett an diesem Abend, konnte aber lange keine Ruhe finden. Als Klara hereinkam, tat ich so, als wäre ich schon eingeschlafen. Aber wie am ersten Abend lauschte ich dem Ticken des Weckers und fühlte wieder das unbekannte Glühen in mir.

Am nächsten Tag lenkte mich zunächst die gute Nachricht der *Directrice* ab, dass Jutta inzwischen ganz offiziell bei Nettys Familie wohnen durfte und Sam ihr sogar noch geholfen hatte, eigene Lebensmittelkarten zu bekommen. Sie würde bald in der *Crèche* vorbeikommen und mir ausführlich berichten. Wie schaffte Frau Pimentel es nur, für so viele von uns ein offenes Ohr zu haben? Bei all dem machte sie manchmal sogar noch Scherze mit ihrem kleinen Hund Brunie, den sie sich, wenn er nicht artig gewesen war, unter den Arm klemmte und ihm eine Strafpredigt hielt. Brunie legte dann den Kopf schief, als würde er sie verstehen, und sobald er wieder mit vier Pfoten auf dem Boden war, sauste er los, als hinge sein Leben davon ab. »Brunie, komm sofort hierher!«, rief sie dann in gespieltem Zorn und zwinkerte uns dabei fröhlich zu. »In diesen Zeiten braucht man einen starken Charakter. Wenigstens den hat er«, sagte sie einmal.

Aber am Nachmittag dachte ich nur noch an Jakov. Ob er wie gestern schon zu Hause wäre, wenn ich am Abend käme?

Als ich läutete, öffnete die Oma und sagte, dass schon alle beim Abendessen saßen.

»Wieso kommst du eigentlich immer zu spät?«, fuhr mich Herr Granaat an, noch bevor ich etwas zur Begrüßung sagen konnte. Ich war sicher, dass ich nicht später als am Vorabend gekommen war, und sagte so höflich wie möglich: »Aber ich bin nicht zu spät. Ich kann es bei dem weiten Weg nicht eher schaffen.«

»Welchen weiten Weg?«, schnauzte er weiter. »Du bist doch noch jung. Oder trödelst du vielleicht noch im Zentrum herum?«

Ich wusste nichts mehr zu sagen und setzte mich schweigend auf den letzten leeren Stuhl. Frau Granaat schöpfte mir Kartoffeln und eine dunkle Soße auf den Teller. Dabei tropfte etwas von der Soße auf die Hand des Babys, das sofort zu schreien begann.

»Du bist so ungeschickt!«, mäkelte Herr Granaat nun auch an seiner Frau herum. Ich sah, wie Jakov böse zu ihm hinschaute. Aber er sagte nichts und schaufelte nur sein Essen verbissen in sich hinein. Endlich war alles vorbei und wir konnten aufstehen. Ich lief hinauf in unser Zimmer und hoffte, dass Klara sich wieder mit den Filmzeitschriften beschäftigen würde. Tatsächlich blieb sie noch unten bei den anderen. Ich wartete eine Viertelstunde und hörte dann endlich Schritte auf der knarrenden Holztreppe. Noch bevor ich die Tür öffnen konnte, wurde ein kleiner Brief durch den Spalt zum Fußboden durchgeschoben. Aufgeregt sprang ich auf und faltete das weiße Papier auseinander, ohne die Tür zu öffnen. In einer ordentlichen Handschrift stand darauf in deutsch geschrieben:

Liebe Cilly!

Ich fühle mich beschämt, weil ich dir nicht beispringen konnte, als der Granaat wieder so gemein war. Glaube mir, dass mein Herz vor Wut fast zersprungen wäre, als er über dich herzog wie ein Lehrer über die jüngste Schülerin. Ich hätte ihn am liebsten k.o. geschlagen und dich dann auf meinen Armen aus dem Zimmer getragen. Das war erstens mein innigster Wunsch und zweitens wäre es sehr romantisch. Dann hätte ich dich in meine Arme genommen und deine herrlichen Lippen geküsst. Hättest du das schlimm gefunden? Vergib mir, wenn du kannst, denn ich habe nicht getan, was ich hätte tun sollen. Ach, du kannst dir gar nicht vorstellen, wie lieb ich dich habe. Also tu mir bitte einen Gefallen und antworte mir auf dem leeren Raum unten und stecke mir den Brief in die Innentasche meines Wintermantels. Schlaf süß, meine Blume, träume von meiner Liebe und von meiner ewigen Sehnsucht nach dir. Antworte mir noch heute Abend. Dein Jakov. [16]

Ich weiß nicht mehr, wie oft ich den Brief gelesen habe. Ich vergaß alles um mich herum und las immer wieder seine Worte an mich. Es war mir lange unmöglich, etwas »auf dem leeren Raum unten« zu notieren. Erst als Klara im Bett lag, huschte ich noch mal zur Toilette, schaltete dort das Licht an und schrieb ihm zurück:

Lieber Jakov! Du brauchst mich nicht um Vergebung zu bitten. Wir haben uns beide dieses Leben hier nicht ausgesucht. Aber bitte sprich morgen Abend mit mir. Ich sehne mich auch nach dir. Deine Cilly.

Dann schlich ich über den Flur bis zur Garderobe, wo sein Mantel hing und steckte den Brief ganz tief in eine der beiden Innentaschen. In seinem Zimmer brannte kein Licht mehr. Ob er schon schlief – oder noch wach war wie ich?

Endlich, am nächsten Abend, nach dem gleichen bedrückenden Ritual des mehr oder weniger schweigend eingenommenen Abendessens, klopfte Jakov an meine Zimmertür und wir gingen ohne ein Wort die paar Schritte bis zu der Ecke vor dem Dachboden, wo man von unten nicht mehr gesehen werden konnte. Wieder hatte Jakov seinen Kohleneimer dabei. Diesmal stellte er ihn aber gleich ab und umarmte mich leidenschaftlich. Obwohl alles in mir bebte, war ich die ersten Minuten zu keiner eigenen Handlung fähig. Ich genoss jede Berührung von ihm, aber es war so überwältigend neu und groß. Nicht nur hatte ich niemals zuvor den Körper eines Jungen so nah gespürt. Überhaupt waren mir, selbst zwischen Mutter und uns Kindern, von jeher alle Formen von Zärtlichkeit unbekannt geblieben, so sehr ich sie mir sicher unbewusst auch gewünscht hatte. Erst als sein Mund meine Lippen berührte, begann auch ich, ihn festzuhalten. Ganz fest, weil ich mir nicht vorstellen konnte, was hinterher geschehen würde. Ich wollte nur, dass es niemals aufhörte.

IN DER HÖHLE DES LÖWEN

Von diesem Abend an trafen wir uns regelmäßig. Wenn Klara dabei war, besuchte er mich in unserem Zimmer und brachte mir die angekündigten Bücher. Das erste Buch, das er mir zum Lesen gab, war Goethes *Faust*, der mich tief beeindruckte, wenngleich ich nicht alles verstand. Später las er mir etwas aus einem Buch von Friedrich Nietzsche vor, was ich aber ziemlich düster und kompliziert fand. Wenn Klara unten war, gingen wir in unsere Ecke beim Dachboden, um zu knutschen. Zu mehr kam es nie. Aber das war damals schon aufregend genug für mich.

Jakov philosophierte gern und war fest entschlossen, einmal Schrifsteller zu werden. Vorläufig jedoch hatte er vor allem ständig Hunger, denn allmählich wurde es unangenehm, wie geizig Herr Granaat war. Immer öfter mussten wir mit knurrendem Magen ins Bett. Allerdings waren inzwischen auch sämtliche Lebensmittel rationiert. Wie sehr mich Jakov damals liebte, merkte ich, als er mir einmal eines seiner seltenen Schulbrote aufgehoben hatte. Natürlich sagte ich zu ihm: »Aber Jakov, du hast doch selbst Hunger! Das kann ich unmöglich annehmen.« Da entgegnete er nur entrüstet: »Cilly, das

Brot habe ich extra für dich aufgehoben! Wenn du es nicht isst, werfe ich es in die Gracht!« Später konnte ich ihm manchmal Essensreste aus der *Crèche* in einem Marmeladenglas mitbringen.

Endlich traf ich auch Jutta wieder. Sie war bei einer sehr netten Familie untergekommen. Als ich ihr von Granaats Verhalten mir und Jakov gegenüber erzählte, bedauerte sie mich. Eines Tages stellte ich Jutta und Jakov einander vor. Jutta mochte ihn und war froh, dass ich so nicht ganz allein dort war.

Inzwischen waren auch Suzy und Rosa wieder zur Arbeit in der *Crèche* erschienen und natürlich schütteten wir uns wie früher gegenseitig unsere Herzen aus. Suzy war begeistert von meiner Freundschaft mit Jakov: »Du hast doch immer irgendwie Glück im Unglück, Cilly! Mit einem verliebten jungen Dichter unter einem Dach zu wohnen, das ist immerhin auch nicht zu verachten!« Sie selbst wohnte bei der bekannten Schriftstellerin Clara Asscher-Pinkhof, die mit Frau Vromen befreundet war und mehrere Kinder aufgenommen hatte.

Beinah täglich schrieben Jakov und ich uns jetzt Briefe, die ich alle bis heute aufgehoben habe. Am 23. Februar 1943 schrieb er mir:

Meine Blume,
gestern habe ich mit dir gesprochen, so ehrlich wie möglich habe ich dir alles gesagt. Ich will, dass du mich verstehst. Ich will, dass du mich immer lieben sollst, denn ich liebe mit meiner ganzen Seele und mit mei-

nem ganzen Körper deine Seele und deinen Körper.
Doch ich warne dich vor mir, denn meine Taten sind
unberechenbar. Ich bin nämlich verrückt, vollkommen
verrückt. Wenn du mich trotzdem nicht nur verstehen,
sondern auch lieben kannst, dann finde ich deine Lie-
be sehr tief und herrlich ... Die ganze Welt mit ihrem
weiten Leben fühle ich in mir ... Ich leg mich zu dir hin
und das sei mein Glück. Dein Jakov.

Klara war die Erste in der Niersstraat, die wusste, was
sich zwischen mir und Jakov abspielte. Ich bin sicher,
dass auch die Granaats etwas bemerkt haben. Aber zumindest davon ließ sich Herr Granaat nichts anmerken.

Die *Directrice* hatte ab und zu gesehen, dass ich
morgens hungrig bei der Arbeit erschienen war, und
gefragt, ob es in der Niersstraat nichts zu essen gebe.
Wenig später bot sie mir an, im Nebenhaus der *Crèche*
eine kleine Kammer zu beziehen. Sie hatte es organisiert, dass dort einige Mädchen in der Ausbildung
unterkommen und ansonsten in der *Crèche* mitessen
konnten. Noch am gleichen Abend packte ich meine
wenigen Sachen und zog am nächsten Morgen um. Ich
hatte fürs Erste genug vom Familienleben. Die *Directrice* erlaubte sogar, dass ich Jakov dort tagsüber treffen
durfte. Obwohl er beinah jeden Tag nach der Schule zu
Besuch kam, schrieb er am 22. März 1943 über das Leben in der Niersstraat:

Dass ich dich so schrecklich vermissen würde, konnte
ich mir nicht vorstellen. Das ganze Haus ist auf einmal
so leer und kahl. Deine lachenden Augen, die mir im-

mer entgegenglänzten – wo sind sie? Deine vollen Lippen ... ich will nicht weiter aufzählen. Du bist auf einmal weg und das stimmt mich so traurig ... Ach, meine Worte könnten doch nie das ausdrücken, was mich so ganz erfüllt ... du bist mir lieber als mein bisschen Leben. Dein Jakov

An einem der ersten warmen, sonnigen Tage – es muss ein Samstag Anfang Mai gewesen sein – holte mich Jakov ab und wir beschlossen übermütig, mit der Fähre ein Stück über den Hafen hinaus bis zu einer kleinen Halbinsel zu fahren, die damals als Erholungsgebiet beliebt war. Natürlich war so etwas für Juden längst verboten. Schon seit 1941 durften wir weder Straßenbahnen noch Fährboote benutzen. Zwischendurch bekam Jakov Panik, dass uns jemand anzeigen könnte, denn wir trugen natürlich den gelben Stern. Er sagte leise zu mir, dass auch für uns bald die Zeit zum Untertauchen kommen werde. Ich war erstaunt, dass ich so ruhig blieb und keine Angst hatte. Die anderen Leute auf der Fähre bemerkten uns, aber niemand war unfreundlich, niemand sagte etwas.

Nie im Leben werde ich diesen Tag vergessen. Es war vielleicht der einzige Tag in all diesen schlimmen Jahren, an dem ich es schaffte, einfach nur jung zu sein. Jung und verliebt – und voll von jener guten Energie, die uns gegen alles Böse zu schützen schien. Wir breiteten eine Decke am Ufer aus, genossen die warme Sonne und unsere jungen sehnsüchtigen Körper. Der Rest der Welt war weit weg, viel weiter, als uns selbst das schnellste Fährboot der Welt hätte bringen können.

134

Erst am späten Nachmittag, als die Sonne langsam zu sinken begann, rollten wir die Decke zusammen und gingen Hand in Hand zurück zur Anlegestelle. Als unsere Fähre sich dem Anleger in Amsterdam näherte, bemerkten wir schon aus einiger Entfernung, dass es auf der Straße hinter den Kais eine Polizei-Kontrolle gab. Was nun? Jakov zog seine Jacke aus, aber ich konnte unmöglich vor all den Leuten auf dem Fährboot, den gelben Stern von meinem Kleid abreißen. Wir sahen uns erschrocken an und versuchten gleichzeitig, wenigstens äußerlich ruhig zu bleiben.

Zum Glück herrrschte ein großes Gedränge beim Anleger. Es gelang uns in letzter Minute, über ein Gitter zu klettern und davonzulaufen, ohne dass die kontrollierenden Polizisten uns bemerkten. Zu niemandem sprachen wir über unser Abenteuer.

Es war nur ein paar Tage später, als Jakov eines Morgens noch vor der Schule atemlos zu mir in die *Crèche* gerannt kam und, kaum hatte er die Tür hinter sich geschlossen, rief: »Jutta ist heute Nacht abgeholt worden! Jutta und die ganze Familie, bei der sie wohnte!«

Innerlich schlug mein Herz bis zum Hals, aber ich versuchte, einen klaren Kopf zu behalten: Was war zu tun? Mit wem konnte ich sprechen? Sam hatte ich schon länger nicht mehr gesehen. Als ich schon kurz davor war, mich in meiner Verzweiflung erneut an unsere *Directrice* zu wenden, kam zufällig Herr Süskind in den Kindergarten. Es war noch vor seinem üblichen Dienstbeginn. Vermutlich hatte er noch Dinge zu erledigen, die nicht jeder mitbekommen sollte. Und doch

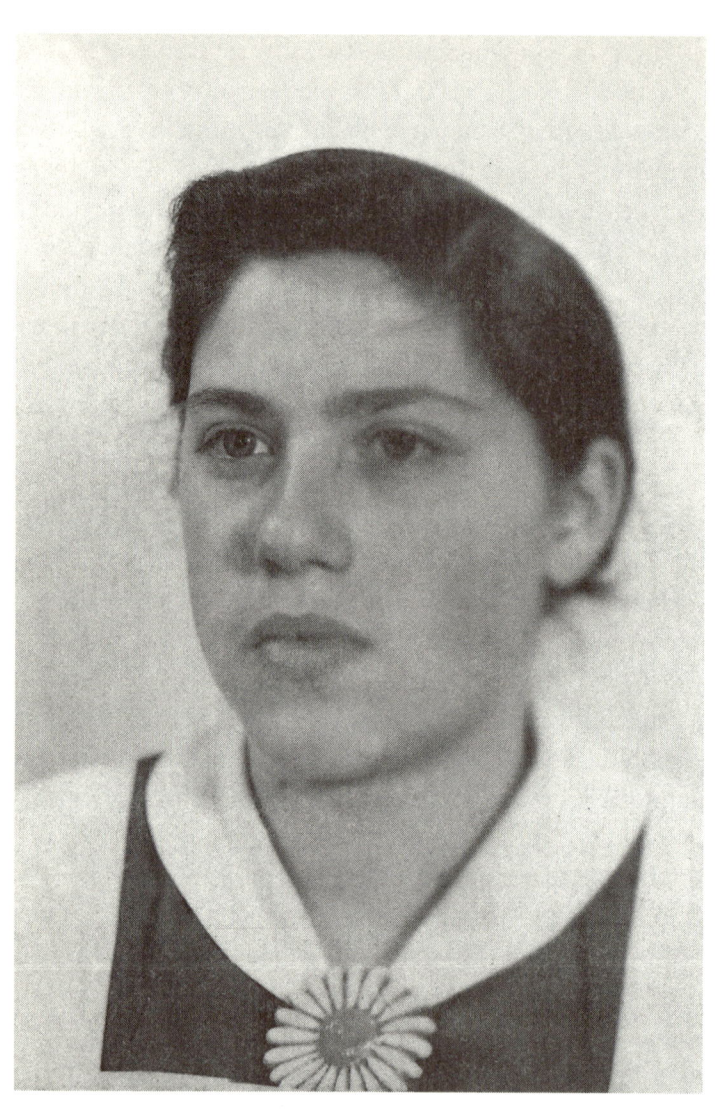

Cilly in Schwesterntracht mit Margerite am Kragenknopf, Frühjahr 1943.

blieb er stehen und hörte mir aufmerksam zu, als ich ihn direkt und so ruhig wie möglich um Hilfe bat. Er fuhr sich einen Moment mit der Hand durch sein kurz gelocktes Haar und sagte dann: »Ich kenne nur einen, der dir helfen könnte ... « Er machte kehrt und lief hinüber zu *Schouwburg*, wobei er mir noch zurief: »Warte hier, bis ich zurück bin!«

Jakov und ich sahen uns fragend an. Immerhin hatte er nicht sofort abgelehnt.

Nach ein paar Minuten war Herr Süskind zurück und sagte, nachdem er sich vergewissert hatte, dass uns außer Jakov niemand hören konnte: »Geh nachher, wenn das Essen gebracht wird, mit den anderen hinüber zur *Schouwburg* und warte, bis dich einer der Wachleute, ein junger SS-Mann mit dunklen, glatten Haaren, anspricht. Ich habe ihm gesagt, wie du aussiehst und dass du zu deiner Schwesterntracht eine Margerite am Kragenknopf tragen wirst. Falls es dort nicht klappt, ihn zu sprechen, werde ich ihn fragen, ob er später zu dir in die *Crèche* kommen kann.«

Die Margerite galt als geheimes Zeichen des holländischen Widerstands, seit im Januar 1943 Prinzessin Margriet, die Tochter von Königin Juliana, im englischen Exil geboren worden war. Ich konnte kaum glauben, dass ein SS-Mann die Bedeutung dieses Zeichens kannte. Aber ich hatte keine Wahl. Zunächst verabschiedete ich mich von Jakov, der zur Schule musste und versprach, am Nachmittag wieder vorbeizukommen. Dann wartete ich ungeduldig, bis endlich die Tee- und Kaffeekannen gefüllt wurden, damit ich mit einem der Essenskarren unauffällig hinüber zur *Schouwburg* konnte. In dem Moment kam Sieny auf mich zu und reichte mir einen in eine hellblaue Decke gewickelten Säugling: »Cilly, der Kleine muss rübergebracht werden zu seiner Mutter, die gehen noch heute auf Transport. Kannst du das eben machen?«

»Ja«, sagte ich, »mach ich.« Selbst zu Sieny wollte ich nichts weiter sagen, um das Bevorstehende nicht zu gefährden.

Ich nahm das Baby auf den Arm und lief über die Straße zur *Schouwburg*. Der Kleine war nur wenige Tage bei uns gewesen. Aber ich kannte seinen Namen. Die Angestellte vom Jüdischen Rat bat mich, direkt zur Bühne durchzugehen und dort das Kind auszurufen. Dann würde die Mutter sich melden. Auf dem Weg dorthin schaute ich mich überall nach Jutta um, konnte sie aber nirgends entdecken. Im Stillen dachte ich: Jetzt bist du in der Höhle des Löwen.

Nur einmal rief ich den Namen des Kindes in den Saal, als auch schon eine junge Mutter, höchstens zwei oder drei Jahre älter als ich, den Kleinen überglücklich in die Arme schloss: »Mein süßer kleiner David, jetzt bleibst du aber bei deiner Mama, was?« Das tat weh. Warum hatten der kleine Junge und seine Mutter nicht entkommen können? Oder hatten sie nicht gewollt, weil sie das Risiko einer Flucht als höher einschätzten als den Weg zum angeblichen ›Arbeitseinsatz‹, an den doch immer weniger wirklich glaubten?

Noch einmal schaute ich mich suchend nach Jutta um. Da entdeckte ich sie plötzlich – verängstigt kauerte sie in einer der vorderen Stuhlreihen. Ich rief leise ihren Namen und nun erst kam sie auf mich zu. Ich wusste

nicht, ob ich den Plan zu ihrer Befreiung gefährden würde, wenn man uns zusammen sähe. Deshalb sagte ich
nur ein paar kurze, beruhigende Worte zu ihr: »Jettel,
hab keine Angst. Es ist noch nichts verloren. Ich versu-
che alles ...« Jutta nickte nur stumm. Es schien, als wäre
sie wie betäubt von dem, was um sie herum geschah.
Dann erhob ich mich und ging langsam die paar Schritte auf die hinteren Kulissen zu. Ein älterer SS-Mann
stand in der Nähe des Ausgangs, würdigte mich jedoch
keines Blickes. Mir blieb nichts anderes übrig, als un-
verrichteter Dinge wieder zurück in die *Crèche* zu laufen. Dort lief ich beinah Virrie in die Arme, die mich zur
Seite nahm und gar nicht erst zu Wort kommen ließ:
»Cilly, wo bleibst du denn? Dieser Deutsche ist schon
hier und wartet auf dich.«

Erschrocken schaute ich sie an. »Wo ist er?«

»Damit euch niemand sieht oder zuhören kann, habe ich ihm gesagt, er soll in der Umkleidekammer auf
dich warten.«

Schon hatte ich mich losgemacht und wollte zu ihm
laufen, als Virrie mich noch mal zurückhielt und leise
sagte: »Sei vorsichtig mit dem Mann allein im Zimmer.
Man weiß nie ...!« Ich stürzte zur Umkleidekammer,
klopfte kurz an und trat in den etwas schummrigen
Raum. Bevor sich meine Augen an das andere Licht
gewöhnen konnten, vernahm ich die Stimme eines jungen Mannes: »Fräulein Levitus? Sie wollten mich sprechen? Ich bin Alfons Zündler und hatte vorhin eine kurze Unterredung mit Herrn Süskind.«

»Ja ... also ... ich ...«, stotterte ich. Ich war auf einen
unfreundlichen Deutschen vorbereitet, der mich zuerst

verhören oder zurechtweisen würde. Nun konnte ich ihn aber endlich erkennen und sah einen gut aussehenden jungen Mann vor mir, der mich ganz ruhig anschaute. Plötzlich wich trotz seiner Uniform alle Angst von mir und mein Verstand begann wieder normal zu arbeiten. Ich musste ihm klar und offen sagen, worum es ging. Es gab nichts zu verlieren.

»Bitte helfen Sie mir, meine Schwester Jutta aus der *Schouwburg* zu holen. Sie ist letzte Nacht mit ihrer Pflegefamilie hingebracht worden und befindet sich jetzt im Theatersaal.« Dann fügte ich noch hinzu: »Wir dürfen einfach nicht getrennt werden.« Im selben Moment, in dem ich den letzten Satz aussprach, wurde mir plötzlich bewusst, dass dies eine ausgesprochen dumme Formulierung gewesen war. Was, wenn er nun antworten würde: ›Wenn du nicht von ihr getrennt werden willst, dann kannst du ja mit ihr auf Transport.‹ Beschämt sah ich zu Boden. Ich war sicher, dass ich alles falsch gemacht hatte.

Da räusperte er sich und sagte: »Wie sieht Ihre Schwester aus? Und können Sie mir bitte den Namen der Pflegefamilie hier notieren?«

Er reichte mir einen kleinen Schreibblock und einen Bleistift.

Ich beschrieb ihm Jutta und notierte den Familiennamen. Dann erst sah ich ihm wieder in die Augen. Er lächelte mir aufmunternd zu: »Ich kann nichts versprechen. Aber ich werde heute Abend nach Einbruch der Dunkelheit versuchen, was möglich ist. Sorgen Sie bitte dafür, dass der Seiteneingang zum Nachbargebäude auch abends unverschlossen bleibt.« Dann verbeugte er sich höflich und verließ vor mir den Raum, ohne sich noch mal umzuschauen.

Ich konnte es kaum fassen. Das sollte ein Nazi sein? Jemand, der für Hitler war und alle Juden hasste?

Seit ich nicht mehr im Waisenhaus war, hatte ich wieder begonnen, ab und zu Tagebuch zu schreiben. Am Nachmittag notierte ich: »Ich war bei dem nettesten SS-Mann, den es gibt!« [17]

Auch Jakov konnte meine Schilderung dieser Begegnung kaum glauben. Aber wo sollte Jutta bleiben, wenn es Alfons Zündler tatsächlich gelingen sollte, sie am Abend herauszuschmuggeln? Wir gingen alle möglichen Bekannten durch, die wir hätten fragen können. Tante Meta hätte Jutta in höchster Not sicher aufgenommen, aber sie war inzwischen selbst abgeholt worden. Außerdem war Jutta, wenn die Flucht aus der *Schouwburg* gelingen sollte, illegal, das heißt, sie konnte nicht mehr einfach auf der Straße herumlaufen, sondern musste irgendwo untertauchen. Ein schrecklicher Gedanke!

»Deinen Stempel, durch den du jetzt noch bis auf weiteres zurückgestellt bist, kannst du bald vergessen«, meinte Jakov nüchtern. »Die Nazis wollen Amsterdam ›judenrein‹ machen, wie sie das nennen, und da ist es nur eine Frage der Zeit, bis wir auch auf der Liste stehen.«

»Aber was machen wir jetzt mit Jutta?«

Plötzlich fielen mir die beiden netten jungen Lehrerinnen von der Haushaltungsschule wieder ein, die zu Beginn des Krieges vor der ganzen Klasse ihre Abscheu vor den Methoden der Nazis erklärt hatten. Jakov hatte vor einigen Wochen schon, als ich ihm einmal von den beiden erzählt hatte, beiläufig erwähnt, dass er von einem Freund, der dem Widerstand nahe stand, das Gerücht gehört habe, dass sie inzwischen mithalfen, jüdische Kinder zu retten. Und Jutta und ich waren irgendwann einmal an ihrer Wohnung vorbeigelaufen, da hatten sie zufällig aus dem Fenster geschaut und uns freundlich zugewinkt.

»Jakov, ich kann jetzt unmöglich weg von der Arbeit. Kannst du bei den beiden vorbeigehen und vorsichtig fragen, ob sie sich noch an mich erinnern, an mich und meine jüngere Schwester Jutta? Mehr erst mal nicht ... warte lieber ab, wie sie reagieren.« Ich sagte ihm, dass die beiden Lehrerinnen, *Juffrouw* Ouweleen und *Juffrouw* Hoefsmit, inzwischen in der Botticellistraat, ebenfalls in Amsterdam-Süd, in einer kleinen Wohnung im Obergeschoss zusammenwohnten.

»Botticellistraat? Das ist um die Ecke von der Euterpestraat!«, rief er erschrocken. In der Euterpestraat war die Folterzentrale des SD, des Sicherheitsdienstes der Nazis, untergebracht.

»Dann ist es da bestimmt besonders sicher«, gab ich zurück. Und wir mussten plötzlich beide lachen. So war das manchmal. Wenn die Spannung am größten war, konnte einem nur noch Humor helfen. Jakov machte sich auf den Weg.

Ich begegnete am frühen Abend noch einmal Walter Süskind, merkte aber, dass er den Kontakt mit mir vermied, und respektierte das.

Noch am gleichen Nachmittag kam Jakov aufgeregt zurück: »Die beiden haben bereits Kinder in ihrer Wohnung versteckt!«

142

»Und was haben sie wegen Jutta gesagt?«

»Sie haben gesagt, sie soll kommen. Sie würden schon für sie sorgen. Ist das nicht unglaublich?«

Wenn jetzt nur der SS-Mann tatsächlich sein Wort hielt.

Kurz vor 20 Uhr machte sich Jakov auf den Heimweg zu den Granaats. Ich achtete darauf, dass der Seitenausgang unverschlossen blieb, und setzte mich mit einer Decke um die Schultern auf einen Stuhl in der Nähe, um notfalls die ganze Nacht hier zu warten. Ich weiß nicht mehr, wie spät es genau war, aber ich wurde wach, als plötzlich jemand meinen Namen rief: Jutta war frei und stand ganz allein vor mir, ohne Gepäck, aber offenkundig unversehrt, nur etwas durcheinander.

»Jutta!« Wir umarmten uns und liefen dann schnell in mein kleines Zimmer. Dort berichtete sie mir, was geschehen war: »Ich schaute eine Weile gedankenverloren auf die Bühne, als ein Mann dort erschien und ausrief: ›Wo ist das Mädchen Jutta?‹ Wie im Traum stand ich auf und hob meine Hand. Der Mann kam auf mich zu und sagte: ›Lass dein Gepäck auf dem Sitz liegen!‹ Dann sollte ich einfach hinter ihm hergehen. Als wir uns dem Ausgang näherten, spürte ich, dass es nun gefährlich wurde. Da standen zwei Uniformierte mit geschultertem Gewehr. Aber zum Glück hatten sie uns den Rücken zugewandt.«[18]

»Und dann?«

»Dann gab mir der Mann plötzlich einen Wink und ich lief allein über die Straße hierher zur *Crèche*. Da ich wusste, dass abends der Haupteingang abgeschlossen ist, bin ich gleich hintenrum gelaufen. Hier hätte ich sonst versucht, nach dir zu rufen. Aber die Seitentür war offen und da bin ich einfach rein.«

Jutta holte tief Atem. Ich bemerkte auf einmal, dass meine ›kleine‹ Schwester viel älter und reifer geworden war. Bald war sie fünfzehn, älter als ich gewesen war, als wir Frankfurt vor über vier Jahren hatten verlassen müssen. Ich dachte an Mutter und Jossel, von denen wir schon so lange getrennt waren.

»Jutta, ich habe schon mit Jakov versucht, einen Schlafplatz für dich zu finden, aber ...«

Da unterbrach sie mich und zeigte ein weiteres Mal, wie sehr sie in den letzten Jahren gelernt hatte, selbst Verantwortung zu übernehmen: »Cilly, ich kann sicher die nächsten Tage mit zu Connie Lehmanns Familie. Connie ging doch mit mir in die gleiche Klasse und sie hat ihre Eltern bereits gefragt – für alle Fälle.« Ich war stolz auf meine gar nicht mehr so kleine Schwester.

Auch Jakov traf nun konkrete Vorbereitungen für sein eigenes Untertauchen. Beinah jedes Mal, wenn wir uns trafen, diskutierte er mit mir darüber: »Cilly, wir müssen uns falsche Papiere besorgen, solange das zumindest für Geld überhaupt noch möglich ist.«

»Was kostet das?«

»Zurzeit zwischen dreihundert und fünfhundert Gulden.«

»Und wovon willst du das bezahlen? Wir haben doch keinerlei Ersparnisse.«

»Es gibt immer Wege ...«, meinte er, aber es klang nicht sehr überzeugend.

Ein anderes Mal meinte er: »Du gehst nur nicht, Cilly, weil du denkst, du kannst die Babys hier nicht im

Stich lassen. Aber das ist verrückt: Wenn alle sterben müssen, warum dann die Säuglinge besonders bemitleiden?« Ich war erschrocken über seine harte Haltung. Was machten diese Zeiten mit uns? Würden wir, wenn einmal alles vorbei sein würde, überhaupt noch Menschen sein?

Die nächste wirkliche Gefahr hatte jedoch Jakov durchzustehen. Als er nach einer der großen Razzien im Juni 1943 eine Weile nicht mehr auftauchte, befürchtete ich das Schlimmste. Angeblich hatte man die gesamte Straße, in der er noch immer bei der Familie Granaat wohnte, ›abgeholt‹. In meiner Angst ging ich schließlich selbst zu *Juffrouw* Ouweleen und *Juffrouw* Hoefsmit in die Botticellistraat, um sie um Rat zu fragen.

Als Erstes sagte *Juffrouw* Ouweleen zu mir: »Cilly, wir müssen dich um etwas bitten. Mit wem du auch immer redest: Ich bin ab sofort Tante Cok und Marie ist Tante Mies. Benutz nie mehr unsere richtigen Namen!«

Ich wusste nicht genau, wie viele Kinder sie bei sich in der kleinen Wohnung in der Botticellistraat, nur wenige Schritte von der Euterpestraat und dem Geheimdienst der Deutschen entfernt, versteckten. An diesem Nachmittag schien alles leer. Über Jakov konnten sie zunächst nichts sagen. Razzien von diesem Umfang hatte es bisher nicht gegeben. Wenn das so weiterging, brauchte man bald keinen Jüdischen Rat mehr, da dieser niemanden mehr zu betreuen und zu verwalten hätte.

Es war an einem Abend nach der Arbeit, an dem ich gerade überlegt hatte, noch mal in die Botticellistraat zu gehen, als auf etwa halbem Wege dorthin plötzlich jemand hinter einem Baum hervorsprang und sich breitbeinig vor mich hinstellte – Jakov! Er sah unversehrt aus, ja schien beinah ausgelassen zu sein: »Na, Cilly, fällt dir was auf?«

Ich starrte ihn einen Moment verblüfft an, bemerkte aber keinen Unterschied zum letzten Mal, als ich ihn gesehen hatte. Erst mal fiel ich ihm um den Hals und er drehte mich übermütig in der Luft. Als er mich wieder abgesetzt hatte, sagte er mit gesenkter Stimme: »Ich bin übers Dach getürmt.« Er sah sich prüfend um, aber niemand schien uns zu beachten. Dann schob er mich ein wenig auf Abstand und fragte erneut: »Nun guck doch mal! Merkst du immer noch nichts«? Ich schüttelte erneut den Kopf.

Da schlug er sich mit der Hand auf die Brust und nun erst sah ich, dass er keinen Stern mehr trug.

»Jakov, hast du etwa ...?«

»Nicht mehr Jakov, bitte. Ich bin ab sofort Jan Gerrit Overbeek, geboren 1926 in den Niederlanden.«

»Oh, dann bist du jetzt ja ein Jahr älter!«, war das Erste, was mir einfiel.

»Cilly, es ist ein unglaubliches Gefühl, sich wieder frei bewegen zu können.«

»Hast du denn keine Angst, dass es auffliegen könnte?«

»Jedenfalls weniger als vorher, als jeder auf uns spucken konnte wegen des gelben Lappens auf der Brust.«

Er musste gleich wieder weg, rief mir aber noch beruhigend zu, dass er schon ein neues Quartier habe und sich bald wieder melden würde.

Von nun an überschlugen sich die Ereignisse. Zuerst verlor Jutta erneut ihren Schlafplatz und wir wussten uns keinen andern Rat, als nun doch Tante Cok und Tante Mies direkt zu bitten, außerhalb Amsterdams etwas für sie zu finden. Vorläufig durfte Jutta zu ihnen in ihre winzige Wohnung in die Botticellistraat kommen. Sie nahmen sie auf, ohne weitere Fragen zu stellen. Die Frauen hatten wirklich Mut.

Am gleichen Abend hörte ich eine Kollegin in der *Crèche* über die Zustände in Westerbork reden: »Es ist unglaublich, so ein Dreck, so ein Chaos! Die Toiletten stinken und das Essen ist hundsmiserabel. Oft werden Kinder und Eltern auseinander gerissen. Selbst wir Kinderpflegerinnen werden willkürlich von den Kleinen getrennt. Ich kann euch nur eines sagen: Wer da einmal gelandet ist, für den ist es zu spät!«

Eigenartigerweise berührten mich ihre Sätze auf einmal stärker als Jakovs geduldige Überzeugungsarbeit bisher. Lange konnte ich an diesem Abend nicht einschlafen und sah immer neue Schreckensbilder eines Lagers vor mir, in dem Menschen schlimmer als Tiere gehalten und Kinder von ihren Eltern weggerissen wurden.

Als Jakov am nächsten Nachmittag vorbeikam, sagte ich nur: »Ich mache mit, Jakov. Kannst du mir helfen, an gefälschte Papiere zu kommen?«

UNTERGETAUCHT

Jakov nickte: »Lass uns gleich an die Vorbereitung gehen.« Obwohl er erst sechzehn Jahre alt war, schien er genau zu wissen, was zu tun war: »Ein Freund von mir kennt sich aus, wie das mit den Fingerabdrücken geht, und er wird ein aktuelles Passfoto von dir machen.«

Noch am gleichen Abend gingen wir zu diesem Freund von Jakov, der eine illegale Werkstatt in einem Keller in der Nähe des Waterloopleins hatte. Da Jakov keinen Stern mehr trug, gingen wir nicht als Liebespaar, sondern hielten Abstand, so als würden wir uns nicht kennen. Jakov nannte den Namen seines Freundes nicht, sondern sprach von ihm nur als ›der Künstler‹.

Alles ging sehr schnell, und ohne viel gesprochen zu haben, standen wir schon wieder auf der Straße. Dort trennten wir uns, da Jakov noch eine andere Verabredung hatte, von der er mir erst morgen berichten wollte.

Als er am nächsten Tag zur gewohnten Zeit nicht erschien, begann ich sofort, mir Sorgen zu machen. Wie sehr war Jakov an illegalen Aktivitäten beteiligt? Seit einer Weile schon hatte ich den Eindruck, dass er nicht mehr wie früher offen über alles mit mir sprach. Vertraute er mir nicht? Oder wollte er mich nur schützen, falls irgendwo etwas auffliegen sollte? Vier bange Tage und Nächte vergingen. Dann kam er eines Abends plötzlich wie früher durch den Seiteneingang. Er lachte scheinbar unbeschwert und wollte, dass wir sofort in meine kleine Kammer gingen. Kaum war die Tür geschlossen, kramte er aus seiner Jackentasche einen Briefumschlag und holte eine Karte daraus hervor, die er mir stolz unter die Nase hielt: »Hier – das bist du ab jetzt!«

Ich drehte den Ausweis ins Licht, erkannte mein Foto auf einer Kennkarte ohne das *J*, das uns Juden sonst in die Pässe gestempelt wurde, und konnte erst dann meinen neuen Namen entziffern: Lambertha Kroon, geboren 1926 in Utrecht. Ich war also ein Jahr jünger geworden – und Jakov ein Jahr älter. Er grinste.

»Hast du das extra so gemacht, Jakov?« Wir mussten beide lachen.

»Die richtige Lambertha ist vor ein paar Monaten gestorben. Darum war das Ganze etwas billiger, nur 200 Gulden«, erklärte er mir stolz. »Es hat nur länger gedauert. Tut mir Leid, dass ich dich zwischendurch nicht erreichen konnte.«

»Aber Jakov, woher hast du so viel Geld?«

»Onkel Pollak hat's mir gegeben. Ich habe ihm erzählt, dass es für dich ist.«

Ich war nicht sicher, ob das die volle Wahrheit war, aber ich freute mich trotzdem, dass er das alles so erfolgreich für mich geregelt hatte. »Danke, Jakov, das werde ich dir nie vergessen«, flüsterte ich ihm ins Ohr.

Cillys Passfoto als ›Lambertha Kroon‹ und Jakovs Foto als ›Jan Gerrit Overbeek‹, Sommer 1943. Cilly war 17, Jakov 16 Jahre alt.

Danach küssten wir uns und hielten einander fest, als ahnten wir, dass wir nicht mehr viel Zeit haben würden, um ungestört zusammen zu sein ...

Später redeten wir darüber, wie es nun weitergehen sollte. Von dem Moment an, in dem ich mich von Cilly in Lambertha verwandelte, würde ich nicht mehr in der *Crèche* bleiben können. Also brauchte ich ein neues Quartier.

»Aber vorher brauchst du eine neue Arbeit. Dann wirst du auch etwas verdienen und kannst dir davon irgendwo ein kleines Zimmer mieten«, meinte Jakov. Ich bewunderte seine Kreativität. Mir wurde plötzlich bewusst, dass ich zusammen mit Jutta seit Ende 1938 zwar ohne unsere Mutter gewesen war, aber doch immer in irgendwelchen Einrichtungen, wo man auf unterschiedliche Art und Weise für uns gesorgt hatte. Jetzt sollte ich plötzlich ein selbstbewusstes niederländisches und irgendwie christliches Mädchen sein. Wie sollte das gehen?

»Und woran denkst du für dich selbst?«, fragte ich, um von meiner eigenen Unsicherheit abzulenken.

»Ich werde Amsterdam verlassen. Die Gefahr ist zu groß, dass ich hier zufällig jemanden treffe, der mich noch von früher kennt. Ich will versuchen, irgendwo auf dem Land eine Arbeit zu finden ... und dann sehen wir weiter.«

Keiner von uns beiden wagte die Frage auszusprechen, wie wir unter solchen Bedingungen noch Kontakt halten könnten.

»Der Krieg kann nicht mehr ewig dauern, Cilly«, meinte Jakov, aber es klang nicht tröstlich, denn gegenwärtig barg jeder Tag, den er andauerte, für uns unendlich viele Risiken. Bevor wir uns an diesem Abend trennten, schenkte mir Jakov noch eines der Passbilder, die er für seine gefälschte Kennkarte hatte machen lassen. »Man weiß nie«, sagte er ernst.

Auch mit Suzy und Rosa besprach ich die weiteren Pläne. Suzy war inzwischen auch bereit unterzutauchen, hatte aber bisher noch nicht an gefälschte Papiere kommen können. »Ich werde mit Jakov darüber reden«, versprach ich. »Und mit Tante Cok und Tante Mies. Ich lasse dich auf keinen Fall im Stich.« Suzy drückte mir dankbar die Hand. Am gleichen Abend half sie mir beim Packen.

Rosa verließ sich dagegen immer noch auf den Schutz, den wir durch die Arbeit im Kindergarten genossen: »Solange die *Schouwburg* arbeitet, brauchen die uns doch für die Kinder.« Außerdem hoffte sie darauf, noch etwas für ihren bereits deportierten Vater und ihren Bruder tun zu können, solange sie nicht illegal war. Das war leider ein Irrtum und wenige Wochen später hätte sie beinah mit ihrem Leben dafür bezahlt.

Ohne mein Wissen hatte Jakov auch Tante Mies von meinen Plänen berichtet. Sie sagte zu ihm: »Lass Cilly, sobald es geht, hierher zu uns kommen. Es gehen Gerüchte um, dass die Deutschen die Deportation aller Juden aus Holland noch diesen Sommer abschließen wollen. Wir rechnen in Amsterdam jeden Tag mit neuen großen Razzien. Cilly muss raus aus Amsterdam. Vielleicht können wir ihr dabei helfen.«

Ich wusste, dass dies eine vielleicht einmalige Chance war. Am nächsten Morgen trennte ich den gelben Stern von meinem Mantel ab, verabschiedete mich nur von Suzy und Rosa und verließ die *Crèche* und alle Kinder und die von mir so verehrte *Directrice* ohne ein weiteres Wort. Sie würde mich verstehen, das wusste ich. Was niemand zu dem Zeitpunkt wissen konnte, war, dass die *Crèche* nur wenige Wochen später, am 23. Juli 1943, völlig überraschend und noch Monate vor der Schließung der *Schouwburg* ›geräumt‹ werden würde – und mit ihr alle noch anwesenden Säuglinge und Kinderpflegerinnen und sogar die alte *Directrice*, Frau Pimentel. Zum Glück war Suzy inzwischen ebenfalls mit Hilfe der Tanten untergetaucht und Rosa hatte im allerletzten Moment aus dem Haus flüchten können. Eine Nachbarin berichtete nach dem Krieg, dass nach der ›Räumungsaktion‹ nur noch der kleine Brunie, der Hund der *Directrice*, aufgeregt durch die leeren Räume gerannt sei.[19]

Von all dem hatte ich keine Ahnung, als ich an jenem Sommertag Ende Juni 1943 in die Tram nach Amsterdam-Süd stieg, um zur Botticellistraat 24 zu fahren: Zum ersten Mal seit langer Zeit benutzte ich wieder eine Straßenbahn. Mir war plötzlich, als spürte ich ein Brennen auf der Brust, genau an der Stelle, an der früher der gelbe Stern aufgenäht war. Würde nicht jeder meinen Schwindel sofort erkennen? Ich tastete nach der neuen Kennkarte in meiner Tasche und holte tief Luft. Nein, niemand beachtete mich. Ich war Lambertha Kroon, sechzehn Jahre alt, christliche Niederländerin aus Utrecht.

Als ich in Amsterdam-Süd ausstieg, fiel mir ein, dass ich noch nie in meinem Leben in Utrecht gewesen war. Aber wie sollte mir das jemand ansehen? Kein Mensch schaute sich nach mir um. Mit jedem Schritt wurde ich ruhiger – zumindest äußerlich. Als ich bei Tante Cok und Tante Mies anläutete, wartete eine großartige Überraschung auf mich: Nachdem die beiden Frauen mich hereingelassen und sich vergewissert hatten, dass mir niemand gefolgt war, riefen sie: »Ihr könnt runterkommen, Kinder!«

Erstaunt sah ich mich um, denn in der kleinen Wohnung, die nur aus einer winzigen Küche und zwei ebenfalls recht kleinen Zimmern bestand, deren Türen zum Flur hin offen standen, sah ich sonst keine Menschenseele. Aber nur einen Augenblick später hörte ich oben zwischen der Mauer und dem schrägen Dach über der Küche ein leises Rumpeln. Kurz darauf öffnete sich wie von Zauberhand ein quadratisches Stück aus der Wand und wurde an einer Art Strickleiter herabgelassen. Durch die so entstandene Luke krochen nacheinander drei Kinder: Zuerst die Geschwisterkinder Esther und Abba, die wie wir aus Deutschland stammten. Und dann steckte plötzlich Jutta ihren Kopf hindurch und rief begeistert: »Cilly – endlich! Ich hatte mir so gewünscht, dass du kommen würdest!« Alle drei kletterten geschickt hinab. Es schien, als hätten sie das oft geübt.

Jutta und ich freuten uns riesig über das Wiedersehen. Ich sagte: »Aber du musst mich ab jetzt Lambertha nennen.«

Jutta verzog das Gesicht. »Das klingt ja schrecklich. Soll ich dich nicht lieber Berthy nennen?« Alle lachten. Dann fügte Jutta hinzu: »Und ich heiße jetzt Marijke.«

Esther und Jutta, also Marijke, ließen mich dann sehen, wo sie normalerweise schliefen: Die beiden Mädchen teilten sich ein Bett in einem der kleinen Zimmer. Im gleichen Raum schlief Tante Mies in einem zweiten Bett. Tante Cok schlief im anderen Zimmer und Abba musste, weil unten einfach kein Platz mehr war, auf einer Decke im Versteck über der Küche schlafen. Erst vor wenigen Tagen hatte es sich bewährt, dass die Tanten mit den Kindern mehrfach geübt hatten, in Windeseile nach oben zu klettern und dabei auch drauf zu achten, dass keine verräterischen Spuren, etwa Teile der Kinderkleidung oder Spielzeug, unten liegen blieben: Eines Morgens um sechs Uhr wurden alle durch ein stürmisches Klingeln aufgeschreckt. Tante Mies dachte erst noch, dass vielleicht der Postbote mit einem Telegramm gekommen sei. Aber als sie aus dem Fenster schaute, sah sie mehrere uniformierte Männer ungeduldig vor der Haustür stehen. Sofort machte sie den Rahmen wieder dicht und rief: »Los, alle nach oben!« Am längsten dauerte es bei dem kleinen Abba, dessen einen Kinderschuh Esther noch im letzten Moment liegen sah und mit ins Versteck nahm. Da hörten sie auch schon die schweren Stiefelschritte der Polizisten die Treppen heraufkommen. Tante Cok öffnete schließlich im Bademantel die Tür und sagte, dass hier nur zwei allein stehende Damen wohnten. Und sie schaffte es, dass die Männer nicht einmal in die Wohnung kamen. Andere Leute in der Straße hatten nicht so ein Glück, denn den ganzen Vormittag über hörte man Geschrei und den Lärm der Polizeiwagen. Bis zum Abend durften die Kinder nicht aus dem Versteck, obwohl es ein heißer Tag war und sich unter der Dachschräge tropische Temperaturen entwickelten. Aber was war ein bisschen Schwitzen schon gegen den Abtransport in die Hölle?

Vor dem Schlafengehen informierte mich Tante Cok, dass sie vorhatte, gleich am nächsten Morgen mit mir und dem kleinen Abba, dessen Deckname ab nun Frits war, mit der Bahn nach Nord-Brabant zu reisen. Dort kannte sie Leute, die sich bereit erklärt hatten, ein junges Mädchen und woanders noch einen kleinen Jungen aufzunehmen. Mir wurde ein einfaches Lager in der Küche zurechtgemacht. Obwohl mir neue Ungewissheiten bevorstanden, schlief ich doch tief und fest die ganze Nacht durch. Ich fühlte mich bei Tante Mies und Tante Cok beschützt wie lange nicht mehr. Und ich war glücklich, nach so langer Zeit wieder mit Jutta unter einem Dach schlafen zu können.

Als Tante Mies mich am nächsten Morgen früh weckte und rief: »Berthy, aufstehen!«, wusste ich erst überhaupt nicht, wen sie meinte. Während sie den Wasserkessel aufsetzte, lachte sie mich an und meinte: »Fräulein Kroon, der Morgen scheint wohl nicht Ihre starke Zeit zu sein, was?«

Ich rieb mir die Augen und gab dann aber immerhin noch schlagfertig zur Antwort: »Bei uns in Utrecht konnten wir immer länger schlafen!«

»Gut so!«, lobte mich Tante Mies.

Nach dem Frühstück verabschiedete ich mich von Jutta. Auch sie sollte bei nächster Gelegenheit aufs Land kommen. Wann und wohin, stand noch nicht fest. Als die Tanten sahen, wie schwer uns die erneute Trennung fiel, schlug Tante Cok tröstend vor: »Wir können versuchen, Briefe zwischen euch zu befördern, denn wir besuchen doch in regelmäßigen Abständen alle unsere Kinder.« Und Tante Mies fügte mahnend hinzu: »Aber nur, wenn ihr an die richtigen Namen denkt! Kapiert, Berthy und Marijke?«

Wir nickten artig und ich gab auch allen anderen die Hand zum Abschied. Immer wieder Abschied und Trennungen. Ob man davon nicht irgendwann krank wurde?

Auf dem Weg zum Bahnhof wurde mir klar, dass ich mich nun nicht mal mehr von Jakov verabschieden konnte. Nur sein kleines Foto trug ich bei mir. Noch bevor wir in den Zug stiegen, bat ich Tante Cok: »Kannst du bitte Jakov sagen, dass ich nun schon in Sicherheit außerhalb Amsterdams bin ... und dass ich ihn sehr lieb habe?«

Tante Cok sah mich streng an: »Berthy, von wem sprichst du? Meinst du etwa Jan, den blonden Jan Overbeek?«

Ich nickte und wiederholte trotzdem noch mal: »Bitte, Tante Cok.«

Tante Cok konnte ihre Gefühle zwar besser zeigen als Tante Mies, trotzdem antwortete sie jetzt nur kurz und sachlich: »Versprochen.« Aber ich wusste, dass ich mich ganz und gar auf sie verlassen konnte.

Im Zug hatten wir zunächst ein Abteil nur für uns. Noch einmal schärfte Tante Cok mir und dem kleinen Abba, der nun Frits sein sollte, ein: »Zu keinem ein Wort, wer ihr wirklich seid! Wenn ihr einmal keine Antwort wisst, dann stellt euch dumm und sagt lieber nichts, als dass ihr euch verplappert. Ein einziges falsches Wort kann für uns alle gefährlich werden!« Abba nickte eifrig. Aber ich war nicht sicher, wie lange so ein kleiner Junge wirklich dichthalten könnte. »Zu keinem ein Wort!«, wiederholte Tante Cok ernst.

Beim nächsten Halt stieg ein älteres Ehepaar ein und von nun an sprachen wir bis zu unserem Ziel kaum noch miteinander. Am Bahnhof von O. stiegen wir aus. Zwei Männer, die beide die einfache Kleidung von Landarbeitern trugen, erwarteten uns auf dem Vor-

platz. Ein Mann – er stellte sich als Frans vor – sollte
Tante Cok und den Kleinen mitnehmen. Mich begrüßte
ein kräftiger, großer Mann, der sich als Onkel Wim vor-
stellte und auf einen Pferdewagen wies, mit dem er mich
zu sich nach Hause fahren würde.

»Du bist Lambertha?«, fragte er freundlich. Und
zum ersten Mal bestand ich meinen Test als Mädchen
aus Utrecht und antwortete, ohne zu stottern: »Ja, Onkel Wim, aber die meisten nennen mich Berthy.«

Ich hatte kaum Zeit, Tante Cok und dem kleinen
Abba zuzuwinken, da schnalzte er auch schon mit der
Zunge und das stämmige Pferd setzte sich in Bewegung.
Die ersten Minuten überwältigte mich ein unglaubliches Gefühl von Freiheit und Ruhe, das von der wun-
derschönen Natur ausging, durch die wir mit der Kut-
sche fuhren: So ein weites, offenes Land, ein herrlich
blauer Himmel über uns und kein anderes Geräusch
als das freundliche Pferdegetrappel! Keine Männer in
Uniformen, keine verängstigten Menschen mit zu viel
Gepäck und dem Stern auf der Brust, keine gebrüllten
Befehle ... »Onkel Wim?«, sprach ich ihn nach einer
ganzen Weile leise an.

»Ja, Berthy?« Er schaute mich einen Moment
freundlich fragend an und sah dann wieder geradeaus
auf die Landstraße. Am liebsten hätte ich ihm mein ganzes Herz ausgeschüttet, ihn gefragt, inwieweit er einge-
weiht war. Aber dann erinnerte ich mich an Tante Coks
Warnung im Zug und sagte nur: »Danke, Onkel Wim!«

»Ach, Kind!«, rief Onkel Wim und schaute weiter
geradeaus. »Wofür denn? Wir freuen uns, dass du da
weg bist, wo du herkommst.«

Noch bevor wir sein selbst gebautes Haus in dem kleinen Dorf H. erreichten – Onkel Wim war nämlich Zimmermann – gab er mir noch ein paar praktische Hinweise: »Bei uns im Dorf und auch zu meinen vier kleinen Söhnen habe ich gesagt, das du aus dem zerbombten Rotterdam zur Erholung zu uns gekommen bist. Wir hatten schon einmal einen Soldaten von dort einquartiert, Herman Trui hieß er, und da habe ich gesagt, du bist seine Nichte. Alles klar?«

»Also, ich bin die Nichte von einem Onkel Herman aus Rotterdam, ja?«

»Genau«, lobte er mich. »Warst du schon mal in Rotterdam?«

Ich schüttelte den Kopf. Aber was machte das schon? Meine angebliche Geburtsstadt Utrecht hatte ich auch noch nie gesehen.

»Nicht schlimm«, meinte Onkel Wim. »Die meisten Leute hier waren auch noch nie in Rotterdam.«

Schließlich erreichten wir sein Haus am Rande des Dorfes. Vier Jungen kamen aus dem Haus gerannt und sahen mich neugierig an. Sie hießen Harry, Piet, Willy und Fransje und hatten sich wie die Orgelpfeifen vor mir aufgebaut. Ich schaute freundlich zurück. In dem Moment kam Onkel Wims Frau in den Hof, eine rundliche, ebenfalls eher kleine Frau mit dauergewelltem Haar und einer geblümten Schürze. Anders als ihr Mann und die vier Kinder wirkte sie eher distanziert und musterte mich kritisch.

Onkel Wim war inzwischen vom Kutschbock gesprungen und stellte mir nun seine Frau vor: »Sie heißt beinah so wie du – Tante Berta.« Und zu seiner Frau meinte er: »Lambertha sagt kein Mensch! Alle nennen sie Berthy.«

Tante Berta sagte etwas zu ihrem Mann in einem Dialekt, den ich nicht verstand, und ging dann resolut voran ins Haus. Alles war für mich ungewohnt bäuerlich eingerichtet, aber gemütlich und sauber. Noch nie im Leben hatte ich so viele Bilder von Jesus Christus und anderen Heiligen an den Wänden gesehen. Wir standen noch in der Küche, als sie alle vier Jungen, die uns neugierig gefolgt waren, wieder zum Spielen nach draußen schickte und sich mit gesenkter Stimme an mich wandte: »Berthy, mein Mann sieht das alles etwas anders als ich. Ich habe entsetzliche Angst, dass uns jemand verraten könnte. Mit den Deutschen ist nicht zu spaßen. Du wirst dich doch ganz bestimmt nicht verplappern im Dorf, oder?«

Plötzlich war es, als hätte sich eine dunkle Wolke vor den eben noch hellblauen Himmel geschoben. Die Küche erschien mir auf einmal eng und düster. Bevor ich etwas erwidern konnte, fuhr sie fort: »Du weißt nicht, wie die Leute in so einem Dorf sind! Die wollen alles wissen. Die geben keine Ruhe, bis sie ihre Nasen überall hineingesteckt haben.«

Ich fragte mich, ob es wirklich eine gute Entscheidung der Tanten gewesen war, mich hierher zu bringen. Aber wie um meine Sorgen zu zerstreuen, kam Onkel Wim in dem Moment durch die weit geöffnete Haustür herein, nahm mich beim Arm und rief: »Hat dir meine Frau eigentlich schon dein Zimmer gezeigt?«

Er zog mich eine Holztreppe hinauf und einen kleinen Flur entlang, an dessen Ende zwei Türen abgingen.

»Hier links schlafen die Jungen«, erklärte er und öffnete nacheinander beide Türen. »Und hier rechts, das ist deine Kammer.«

Was für ein schönes und freundliches Zimmer war das! Sogar ein paar Feldblumen standen in einer bauchigen Vase auf dem Tisch vor dem Fenster. Von dort hatte man einen malerischen Blick auf die Dorfstraße, wo in jedem Vorgarten üppige Blumenbeete angelegt waren.

Die nächsten Tage begann ich mich trotz aller Sorgen von Tante Berta schnell einzugewöhnen. Ich fand sogar Ruhe, um ein früher begonnenes Tagebuch hervorzuholen und endlich wieder regelmäßige Aufzeichnungen zu machen. Natürlich wollten anfangs alle wissen, woher ich kam, wie es in Rotterdam jetzt aussah und wie es meinem Onkel Herman ging. Aber da hatte ich bald eine Standardfassung drauf, die ich immer wieder gleich erzählte, um mich niemals in Widersprüche zu verwickeln: »Den Onkel habe ich selbst schon ewig nicht mehr gesehen, da er für die Deutschen irgendwo zwangsverpflichtet arbeitet, und Rotterdam sieht schrecklich aus, vor allem die zerbombte Innenstadt.« Ja, bestätigten einige, das hätten sie selbst in der Zeitung gesehen.

Tagsüber half ich vor allem Tante Berta im Haushalt oder mit den Jungen, was immer wieder zu gewissen Spannungen führte, da ich mich ärgerte, wie inkonsequent Tante Berta je nach Laune bestrafte oder sich um gar nichts kümmerte, sodass die Jungen nur das machten, wozu sie Lust hatten. Trotzdem waren sie liebe Kinder, die einfach selbst oft nicht wussten, woran sie waren. Tante Berta hatte auch all die Jesus-Bilder im Haus aufgehängt. Sie war streng katholisch und achtete stets darauf, dass vor dem Essen mit den Kindern gebetet wurde. Ich tat dann so, als würde ich auch mitsprechen, bewegte aber nur stumm die Lippen und sagte insgeheim unsere hebräischen Tischgebete auf.

Froh war ich, wenn ich einem benachbarten Bauern bei der Heuernte helfen konnte. Es war wunderschön, am Nachmittag auf der Rückfahrt ins Dorf ganz oben auf dem voll beladenen Wagen im weichen Heu zu liegen und über sich nichts als den blauen Himmel zu sehen. Manchmal begleitete ich auch Onkel Wim, wenn er abends nach der Arbeit zu den umliegenden Bauernhöfen fuhr und dort seinen Lohn für geleistete Zimmermanns-Arbeiten kassierte. Da ich selbst noch nie im Leben ein Fahrrad benutzt hatte, saß ich anfangs bei ihm auf dem Gepäckträger und hielt mich an seinem Rücken fest. Wir hatten viel Spaß dabei. Ich musste manchmal laut lachen. Onkel Wim war äußerlich immer sehr ruhig, aber ich spürte, wie er diese Stunden ebenfalls genoss. Irgendwann meinte er aber, dass es nun wirklich Zeit sei, dass ich selbst Rad fahren lernte.

An einem Sonntag nach der Kirche, in die ich zum Glück nicht mitgehen musste, da ich wegen des Onkels aus Rotterdam als evangelisch galt und es hier keine evangelische Kirche gab, hatte Onkel Wim beschlossen, dass es nun so weit sei: Auf Tante Bertas schwarzem Damenrad gab er mir meine erste ›Fahrstunde‹. Nach einer Weile schauten alle Kinder des Dorfes mit größtem Vergnügen meinen wackligen Übungen zu. Hier beherrschten die meisten Kinder das Radfahren schon, kaum dass sie richtig laufen konnten. Als Höhepunkt kam sogar noch der Bürgermeister hinzu und gratulierte mir, nachdem ich die erste Runde auf der Dorfstraße geschafft hatte, ohne umzukippen.

»Lambertha Kroon«, rief er so laut, dass alle es hören konnten, »dein Onkel Herman kann stolz auf dich sein. Du bist wirklich die Krone unseres Dorfes!« Alle lachten und klatschten mir Beifall.

Abends war es meist Onkel Wim, der die vier Jungen zu Bett brachte und danach immer noch bei mir an die Tür klopfte und freundlich: »*Slaap lekker*, Berthy!« durch die geschlossene Tür rief, wenn ich schon im Bett lag. Er wusste von meinem Freund Jakov, der hier natürlich nur als Jan bekannt war. Ein paar Mal schon hatte ich über die Tanten Briefe von ihm erhalten und so erfahren, dass er Arbeit in einer Gärtnerei auf dem Land gefunden hatte. Auch von Jutta waren verschlüsselte Briefe gekommen, nach denen es schien, als hätte sie es ebenso gut getroffen wie ich. Jakov und ich bestätigten einander jedes Mal, wie lieb wir uns hatten und dass wir jeden Abend vor dem Einschlafen hofften, bald wieder zusammen zu sein. Neben meinem Bett hatte ich Jakovs kleines Foto an die Vase gelehnt und schaute es jeden Morgen als Erstes und jeden Abend als Letztes an.

Gegen Ende des Sommers – die Tage begannen langsam kürzer zu werden – klopfte Onkel Wim wie immer abends vor dem Einschlafen gegen meine Tür. Aber an diesem Abend wünschte er mir nicht nur eine gute Nacht, sondern drückte leise die Klinke herunter und fragte flüsternd durch den Spalt, ob er hereinkommen dürfte. Es war so schummrig, dass ich ihn nicht genau erkennen konnte, und so fragte ich nur: »Was ist denn, Onkel Wim? Alles in Ordnung?«

Er antwortete nicht, sondern schlich auf Zehenspitzen herein und schloss leise die Tür hinter sich. Dann kam er ganz dicht bis an mein Bett und kniete sich davor nieder. »Berthy«, flüsterte er, »Berthy ...« Seine Stimme klang heiser und eigenartig aufgeregt. Ich schaute ihn nur fragend an und wusste nicht, was er wollte.

Obwohl ich mich nicht rührte, tastete er nun nach meiner Hand, und als er sie in die seine genommen hatte, flüsterte er mit dem gleichen ungewohnten Klang in der Stimme: »Berthy, ich muss dir unbedingt etwas sagen ...«

WIE LANGE NOCH?

Als ich mich immer noch nicht rührte und auch nichts zu sagen wagte, begann er, sanft meinen Arm zu streicheln, und sagte leise: »Berthy, du bist kein Kind mehr ... mein Leben ist so viel lebendiger, so viel schöner, seit du hier bist. Ich möchte ...« Er stockte erneut. Ich war mir nicht sicher, ob es gut wäre, wenn er jetzt weitersprechen würde.

»Onkel Wim, bitte lass uns doch einfach so unbeschwert zusammen sein wie bisher«, flüsterte ich endlich zurück.

Ich war in Jakov verliebt. Mit ihm hatte ich die ersten zärtlichen Erfahrungen meines Lebens gemacht. Sein Foto stand direkt neben uns im inzwischen fast gänzlich dunkel gewordenen Zimmer. Wie sollte ich mich nur verhalten? Ich mochte Onkel Wim gern, sicher lieber als seine Frau. Aber wie weit wollte er jetzt gehen? Und was konnte ich tun? Was sollte ich tun? Mein Herz begann zu rasen, weil mir nichts einfiel, wie ich mich aus dieser Situation hätte retten können.

»Berthy, hab keine Angst ...«, begann Onkel Wim nun wieder und fuhr zum ersten Mal mit der Hand unter meinen Schlafanzug. »Wirklich, du brauchst keine Angst zu haben. Ich will nur ein bisschen zärtlich zu dir sein, mehr nicht ... ich verspreche es dir.«

Dieser Abend blieb nicht der einzige. Er wiederholte sich viele Male. Oft, nachdem Onkel Wim die Jungen ins Bett gebracht hatte, setzte er sich neben mich und streichelte meine Arme, meinen Hals und meine Brüste. Weiter ging er nie. Ich habe die Annäherungen dieses damals etwa vierzigjährigen Mannes über all die Jahre und Jahrzehnte seit damals für mich behalten. Warum ich bisher nie darüber gesprochen habe?

Vielleicht, weil ich mich geschämt habe zuzugeben, dass ich mich nicht wirklich gewehrt habe. Dass ich es manchmal sogar ein wenig genoss. Diese Aufmerksamkeit, diese Zärtlichkeit. Onkel Wim war kein schlechter Mensch. Er war einer von denen, die damals mein Leben gerettet haben. Aber er hat die Situation eines siebzehnjährigen Mädchens, dessen Leben von ihm abhing, ausgenutzt. Wenn ich mir eines vorgenommen habe, dann, heute absolut ehrlich zu sein. Als Waisenkind lernte ich früh, mich an jede Situation anzupassen. Vielleicht hat mir das damals tatsächlich geholfen, diese ganze Zeit zu überleben. Vielleicht kann es aber auch ein ganzes Menschenleben dauern, bis man davon jemals wieder frei wird.

Keine Ahnung, wie lange es damals mit Onkel Wim noch weitergegangen wäre, wenn nicht eines Tages im Herbst 1943 Tante Berta bleich vor Angst in die Küche gestürzt wäre. Atemlos berichtete sie, was ihr der Bauer, mit dem ich häufiger zur Heuernte mitgefahren war, gerade erzählt hatte: »Der hat gesagt, im Dorf geht das

Gerücht um, dass du eine Jüdin bist, Berthy!« Ihre Hände zitterten und es war von einer Sekunde zur anderen klar, dass ich hier nicht länger bleiben konnte. Jeder wusste, dass es im Dorf einen überzeugten NSBer gab. Wenn der der Sache erst auf den Grund ginge, dann wäre es in der Tat nicht nur für mich gefährlich, sondern für die ganze Familie.

Onkel Wim schaffte es, seine Frau so weit zu beruhigen, dass er erst im Nachbardorf D. bei jenem Frans, der vor einigen Monaten Tante Cok und den kleinen Abba mitgenommen hatte und wohl so etwas wie ein Verbindungsmann zum Widerstand war, Rat einholen konnte. Noch am gleichen Abend machte er sich im Schutz der Dunkelheit auf den Weg.

Gemeinsam verabredeten die beiden Männer, dass Onkel Wim mich so bald wie möglich von hier wegbringen sollte. Das Risiko einer Entdeckung war einfach zu groß. Frans sagte zu Wim: »Lass die Berthy mal zu uns kommen.« Allerdings dürfte ich mich dort nicht draußen zeigen, da das Dorf ja nur wenige Kilometer entfernt war. In jedem Fall sollte ich mich vor meinem Umzug ganz offen von den Nachbarn verabschieden und dabei die Geschichte verbreiten, dass ich nun, vor Beginn des Winters, wieder nach Rotterdam zurückkehren würde.

Schon am nächsten Tag besuchte ich mehrere Leute im Dorf und erzählte dabei jeweils artig meine Geschichte über Rotterdam. Bei den meisten hatte ich das Gefühl, dass sie traurig waren, weil ich wegging. Bei nur wenigen spürte ich, dass sie mir wirklich glaubten. Vermutlich ahnten tatsächlich schon mehrere, dass ich nicht die Nichte jenes Soldaten aus Rotterdam war, sondern eine ›Illegale‹. Aber niemand fragte nach oder verriet mich gar.

Am gleichen Abend verließ ich mit Onkel Wim meine erste Untertauchadresse spätabends auf dem Fahrrad, wobei er meinen Koffer auf seinem Gepäckträger transportierte. Kein Mensch begegnete uns in jener feuchtkalten Herbstnacht.

Als wir die ersten Häuser von D. erreicht hatten, stiegen wir beide ab und gingen die letzten hundert Meter zu Fuß. Auch dieses Haus lag eher am Rand des Dorfes. Von außen schien es, als sei niemand daheim. Alles wirkte dunkel und verlassen.

»Ich weiß, dass Frans und seine Frau Mien auf uns warten. Mach dir keine Sorgen, Berthy«, beruhigte mich Onkel Wim. Es sah aus, als wolle er an die Tür klopfen, aber dann hielt er einen Moment inne und flüsterte: »Berthy, am ersten Tag, als ich dich mit dem Pferdewagen vom Bahnhof holte, hast du dich bei mir bedankt. Jetzt will ich mich bei dir bedanken. Du wirst mir sehr fehlen.« Dann gab er mir einen flüchtigen Kuss auf die Wange.

Bevor ich etwas erwidern konnte, klopfte Onkel Wim in einem bestimmten Rhythmus an die Holztür. Augenblicklich hörte man von drinnen sich nähernde Schritte und das Geräusch eines metallenen Riegels, der zurückgeschoben wurde. Im ersten Moment erkannte ich den Mann in der Türöffnung nicht wieder. Ohne ein weiteres Wort schob mich Onkel Wim hinein, wandte sich um und war kurz darauf mit seinem Rad in der Dunkelheit verschwunden.

168

Bei Frans und Mien schien es außer ihren vier Kindern noch mehrere andere Menschen zu geben, die hier nächtigten. »Alles Untertaucher!«, meinte Frans etwas großspurig zu mir. Ich war erstaunt, wie offen er darüber sprach. Immerhin war ich gerade erst angekommen.

»Ist der kleine Junge aus Amsterdam noch hier?«, fragte ich, während ich meine warme Jacke auszog und nach einem freien Platz suchte, um sie hinzulegen. Anders als bei Onkel Wim und Tante Berta herrschte hier bei Frans und Mien eine ziemliche Unordnung. Die Tapete hing zum Teil in Fetzen von den Wänden, ein paar alte Möbel standen hier und da und alles sah ziemlich schmuddelig und heruntergekommen aus. Ich vermutete, dass es sich hier um die Küche handelte, da ein Herd in einer Ecke noch etwas Wärme verbreitete, aber sicher war ich mir nicht.

»Der ist schon lange weg«, meinte Frans, der ein paar Jahre jünger war als Onkel Wim, aber ähnlich kräftig. Ich wagte nicht nachzufragen, wo sich der kleine Abba, dessen Decknamen ich vergessen hatte, nun befand. »Ich habe aber eine andere Überraschung für dich«, fuhr er dann fort. »Hier ist seit einiger Zeit ein Mädchen, Agnes. Sie glaubt, dich zu kennen.«

»Agnes?« Ich überlegte angestrengt, konnte mich aber an keine Agnes erinnern.

Im selben Augenblick ging die Tür zu einem Nebenraum auf und Frans rief: »Schau mal, Agnes, hier ist deine Freundin Berthy!« Vor mir stand mit einem breiten Lächeln meine gute Freundin Suzy aus Amsterdam. Natürlich hatte auch sie hier längst einen geheimen Namen bekommen.

Wir fielen einander in die Arme, und während sie mich noch an sich drückte, flüsterte sie mir ins Ohr: »Endlich, Cilly, ich dachte schon, du würdest deinen Geburtstag ohne mich feiern.« Suzy war auch als Agnes die Alte geblieben – von nichts ließ sie sich unterkriegen. Und, ja, in wenigen Tagen war mein achtzehnter Geburtstag.

»Es ist schon spät«, unterbrach Frans unser Tuscheln. »Kann Berthy bei dir im Bett schlafen, Agnes?«

»Mit Vergnügen!« Suzy nahm mich an der Hand, um mich durch das dunkle Zimmer zu einem der Betten zu führen, in denen, soweit ich es übersehen konnte, jeweils mehrere Personen schliefen.

»Kann ich mir noch die Zähne putzen?«, fragte ich Suzy flüsternd.

»Mit der Sauberkeit ist es hier nicht so weit her, das mach mal lieber morgen früh bei Tageslicht«, schlug sie vor. Es roch muffig in dem Zimmer, aber das war natürlich auch kein Wunder bei so vielen Menschen auf engstem Raum. Ich zog nur meine Schuhe und meinen Pullover aus und legte mich neben Suzy ins Bett. Durch die Wiedersehensfreude fiel es mir etwas leichter, die Schattenseiten des neuen Quartiers zu übersehen. Ich weiß nicht, wie lange wir noch miteinander flüsterten, um alle Neuigkeiten auszutauschen. Von Onkel Wims Annäherungen erzählte ich nichts, aber dass ich Nachrichten von Jutta erhalten hatte, ohne ihre genaue Anschrift zu kennen, und dass Jakov sich um eine Arbeit als Flussschiffer bemühen wollte und ... und ... Irgendwann müssen wir schließlich doch eingeschlafen sein.

170

Am nächsten Tag wurde ich erst wach, als sich die meisten anderen bereits aus ihren Betten erhoben hatten und unterschiedlichen Beschäftigungen im Haus nachgingen. Frans hatte früher als Knecht bei einem Müller gearbeitet, ging inzwischen jedoch mit seiner Frau Mien keiner geregelten Arbeit mehr nach, sondern war hauptsächlich für den Widerstand aktiv. Wie er es schaffte, davon zu leben und seine Frau und vier Kinder zu ernähren, blieb mir bis zuletzt ein Rätsel. Auch erschien es mir wie ein Wunder, dass dieses von Untertauchern überfüllte kleine Haus nicht längst aufgeflogen war. Suzy zeigte mir, was verabredet war für den Fall, dass es zu einer Polizeikontrolle kommen sollte: Wenn eines der großen Betten zur Seite geschoben wurde, konnte man dahinter ein Brett aus der Wand nehmen und dadurch in einen hohlen Raum zwischen den Wänden zweier Zimmer klettern. Dieser Stauraum war groß genug, um etwa sechs Erwachsene oder acht bis zehn Kinder zu verbergen. Sehr beeindruckt war ich trotzdem nicht von dieser eher wackligen Konstruktion.

Aber wie schon so oft: Im Moment gab es keine Alternativen, es blieb uns nur, das Beste aus der Situation zu machen. Eine große Freude bereitete mir ein Päckchen, das Jakov über die Tanten und Frans an mich geschickt hatte und das mich tatsächlich einen Tag vor meinem achtzehnten Geburtstag am 19. Oktober erreichte. Es enthielt das Buch *Narziss und Goldmund* von Hermann Hesse, einen silbernen Ring mit den Anfangsbuchstaben meines illegalen Namens B. K. sowie einen ausführlichen Brief von Jakov, den er schon am 2. Oktober 1943 an mich geschrieben hatte:

Liebste Berthy,

zuallererst will ich dir zu deinem Geburtstag schon jetzt von Herzen gratulieren. Der Grund, warum ich dir jetzt schon schreibe ist, und vielleicht hast du es schon mündlich gehört, dass ich längere Zeit aus den Niederlanden weggehen und als Schiffer zwischen Holland, Belgien und Deutschland schaukeln werde. Wahrscheinlich werde ich nächsten Dienstag abfahren in eine unbekannte Zukunft. Aber ich habe keine Angst, weil ich das Herumziehen liebe, und durch den Umgang mit anderen Menschen und anderen Sitten lebe ich wahrscheinlich wieder auf. So sehr ich ein Zuhause liebe, liebe ich auch die Fremde. Es mag komisch klingen, aber es ist nicht komisch, dass ein Mensch das eine liebt und auch das Gegenteil ihn anzieht. Bei mir liegt die Kluft nur viel tiefer. Und das ist es, was mich manchmal unglücklich bis zur Verzweiflung macht und manchmal so glücklich ...

Aber ich will nicht weiter auf meine persönlichen Fragen eingehen. Vielmehr bin ich neugierig zu hören, was du machst, wie du dich fühlst, ob du gesund bist. Ich freue mich schon auf morgen, wenn ich hoffentlich wieder einen Brief von dir erhalten werde. Ich glaube, ehrlich gesagt, dass du dir keine echte Vorstellung davon machen kannst, wie sehr ich nach dir verlange, danach, wenigstens noch einen Kuss oder Blick zu erhalten, bevor ich diesen neuen Weg antrete. In Gedanken bist du immer in meiner Nähe und ich liebe dein Bild, so wie es noch in mir lebt.

Ich schicke dir anbei noch ein Buch von Hermann Hesse, das musst du lesen, mit vollster Konzentration

172

musst du probieren, tief in die Wörter einzudringen ...
damit tust du alles, was du im Augenblick nur für mich
tun kannst (außer dann noch gut auf deine Gesundheit
zu achten). Ich zweifle nicht daran, dass wir uns sehr
bald wieder sehen. Aber bis zu diesem frohen Tag sei
von Herzen geküsst und gegrüßt von deinem Jan.

Ich war tief berührt von diesen Worten. Und doch spürte ich, dass sich in meinen Gefühlen ihm gegenüber etwas verändert hatte. Jakov träumte vom Abenteuer, davon, immer wieder zu neuen Ufern aufzubrechen, während mein Zukunftstraum darin bestand, endlich irgendwo anzukommen und zu Hause sein zu dürfen. Manchmal dachte ich daran, wenn ich diese Zeit überleben sollte, mit einem zukünftigen Mann gemeinsam ein Kinderheim zu gründen und zumindest für einen kleinen Teil der Kinder zu sorgen, die nach dem Krieg ohne Eltern dastehen würden. Während ich noch im ersten Dorf war, hatte ich darüber einmal einen langen Brief an Jakov angefangen, ihn aber schließlich doch nicht abgeschickt, weil ich mir sicher war, dass er mich missverstehen würde.

Ich erhielt noch andere kleine Geschenke zu diesem Geburtstag. Suzy hatte mir einen Schal eingepackt und von Jutta kam ein liebevoller Brief. Selbst Onkel Wim hatte Frans ein kleines Päckchen mitgegeben: Es war ein selbst gemachter Bilderrahmen, den ich für das Foto von Jakov benutzen sollte.

In all das platzte nur wenige Tage später die Schreckensmeldung, dass sich ein Konvoi mit deutschen Soldaten dem Dorf näherte und überall Hausdurchsuchungen vornahm. Dabei hatten die Deutschen eine neue Strategie entwickelt, die unser bisheriges Versteck so gut wie nutzlos machte: Wo immer sie versteckte Menschen in Häusern vermuteten, machten sie sich nicht mehr die Mühe, die verdächtigen Mauern, Decken oder Schränke zu durchsuchen, sondern schossen einfach mit Maschinengewehren hinein, um zu sehen, ob sich dann etwas rührte.

Es war ein ungewöhnlich warmer Tag im Spätherbst, als uns sechs oder sieben Untertauchern nichts anderes einfiel, als das Haus zu verlassen und am Ufer der Maas am helllichten Tag so zu tun, als würden wir ein unbeschwertes Picknick veranstalten. Von dort, wo wir unsere Decken ausgebreitet hatten, sahen wir am frühen Nachmittag auf dem Deich die Militärwagen vorbeifahren. Das war schon ein ziemlich beängstigendes Gefühl. Aber die Aktion hatte funktioniert. Jedenfalls diese eine Mal.

In dem kleinen Haus von Frans und Mien war ein ständiges Kommen und Gehen von Leuten. Einmal mussten so viele Gäste aufgenommen werden, dass Suzy und ich gebeten wurden, unser Bett für zwei ältere Leute frei zu machen und dafür mal auf dem Fußboden zu schlafen. Als wir schon alles vorbereitet hatten, wollte Frans aber plötzlich doch, dass wir auch ein Bett bekommen sollten. Suzy sollte das Bett mit zwei von den Kleinen teilen und ich die Nacht im Ehebett von Frans und Mien zubringen. Ich dachte mir nichts weiter dabei und legte mich neben Mien in das Doppelbett der beiden. Kaum hatte ich die Augen geschlossen, merkte ich, wie Frans seine Frau auf die andere Seite rollte und plötzlich neben mir zu liegen kam.

Anders als Onkel Wim wurde Frans äußerst zudringlich. Ich hoffte darauf, dass Mien einschreiten würde, aber die drehte sich nur zur Seite und tat so, als würde sie schlafen, was wirklich unvorstellbar war bei dem Rumor, den Frans veranstaltete. Zumindest wusste ich mich meiner Haut so weit zu wehren, dass ich verhindern konnte, dass Frans an sein Ziel kam, in mich einzudringen. Aber es blieb eine schreckliche Erfahrung. Die ganze Nacht machte ich kein Auge zu und nahm mir vor, mich niemals mehr in so eine Situation bringen zu lassen.

Wieder war es nur meine unselige Scham, die mich hinderte, sofort aufzustehen und unter Protest wegzugehen. Jemand hätte merken können, was los war, und allein dieser Gedanke war mir mehr als peinlich. Wie schon bei Onkel Wim sprach ich auch über diese Erfahrung bis heute mit niemandem, nicht einmal mit Suzy, die nur wenige Meter von mir entfernt die Nacht verbracht hatte.[20] Ich hoffte sehr, dass bald eine neue Adresse für mich gefunden würde, selbst wenn ich dann wieder von Suzy getrennt wäre, und war froh, als mich Tante Cok eines Tages wissen ließ, dass in einem anderen Dorf die Stelle einer katholischen Magd frei war.

Das junge Ehepaar Door und Vic in R. erklärte sich bereit, mich zum Jahresende 1943 aufzunehmen. Sie hatten eine kleine Tochter namens Marianneke und wohnten in einem ordentlichen Haus, das mir nach den vielen Wochen im Chaos von Frans und Mien wie das Paradies

**Cilly alias Lambertha und Albert auf seinem Kastenfahrrad,
mit der kleinen Marianneke im Sommer 1944 in R.**

erschien. Vic, der einen Lebensmittelladen führte und das ganze Dorf versorgte, schien mich aus Überzeugung aufzunehmen. Er sympathisierte deutlich mit dem Widerstand. Seine Frau Door dagegen war zuallererst an einer kostenlosen Arbeitskraft interessiert, was mir aber erst allmählich klar wurde. Zur Familie gehörte auch noch Doors jüngerer Bruder Albert, der gerade einundzwanzig geworden war und anders als seine Schwester immer sehr freundlich zu mir war.

Obwohl ich mich hier in R., das weit genug von den beiden anderen Dörfern weg war, wieder frei bewegen konnte, wurde es doch meine schwerste Zeit insgesamt. Es begann damit, dass ich für Door nie etwas gut genug machen konnte. Ich putzte den ganzen Tag und noch immer glänzte es nicht genug. Ich spielte mit der kleinen Marianneke und sang ihr Kinderlieder vor, aber auch dabei konnte ich Door nichts recht machen. Außerdem wurde ich gezwungen, jeden Sonntag mit in die Kirche zu gehen, angeblich weil es sonst auffiele, dass ich gar nicht katholisch war. Die Zeit des Verstellens und Lügens, der grenzenlosen Anpassung, schien niemals zu enden. Oft war ich abends so erschöpft und traurig, dass mich nur ein einziger Gedanke beherrschte: Wie lange noch? Wie lange musste ich dieses Leben, das kein richtiges, sondern nur ein vorgetäuschtes Leben war, noch durchhalten?

Ich muss fairerweise zugeben, dass es auch Momente gab, die weniger schlimm waren. Einmal durfte ich die Familie sogar drei Tage bei einer Segeltour auf der Maas begleiten. Es war immer wieder der junge Albert, der mir Mut zum Durchhalten machte. Auch er musste

auf der Hut vor den Deutschen sein, denn viele niederländische junge Männer zwischen neunzehn und fünf-
undzwanzig Jahren waren inzwischen zu ›kriegswich-
tigen Arbeiten‹ nach Deutschland verpflichtet worden.
Auch das schuf ein besonderes Vertrauen zwischen uns.
Mit seinem Kastenfahrrad brachte er nicht nur Waren
aus Vics Laden zu den Kunden in der Umgebung, sondern transportierte und verteilte auch regelmäßig streng
geheime Informationen des Widerstands an die Bauern
in der Umgebung.

Immer wieder half Albert ein paar Tage im Laden
mit und wohnte in dieser Zeit bei uns im Haus. Dann
war er wieder längere Zeit unterwegs – und ich war den
Launen seiner älteren Schwester erbarmungslos ausgeliefert. Manchmal ging es den ganzen Tag nur so:
»Lambertha, warum ist das Geschirr noch nicht abge-
waschen? Die Dielen müssen gebohnert werden. Hast
du die Fenster schon geputzt? Was – das sollen geputz-
te Fenster sein?« An manchen Abenden war ich so erschöpft, mutlos und traurig, dass ich mich kaum noch
erwehren konnte zu denken: Ach, sollen die Deutschen
mich doch holen, dann ist es wenigstens vorbei, dieses
Leben, das kein Leben mehr ist. Nur ganz am Anfang in
Amsterdam, kurz nach der Trennung von Mutter, Hanna und Jossel, hatte ich mich ähnlich niedergeschlagen
gefühlt wie jetzt.

Seit Monaten schon kamen Berichte über die ersten Sie-
ge der Alliierten gegen Hitlerdeutschland. Aber noch
immer zog sich der Krieg hin. Ich wusste inzwischen,
dass Jutta irgendwo in Limburg untergebracht war,

und erhielt über die Tanten auch immer mal wieder Nachricht von ihr. Aber gesehen hatten wir uns nun schon länger als ein Jahr nicht mehr. Und was konnte ich schon noch tun für sie? Gar nichts. Ohne Jakovs gefälschte Papiere und die mutige Hilfe der Tanten gäbe es mich vermutlich schon längst nicht mehr. Aber welchen Einfluss konnte ich noch selbst auf mein Leben nehmen? Das Warten auf das Ende des Krieges wurde zur Folter, die mich innerlich mehr und mehr zermürbte.

Wie lange noch? Wie lange noch?

BLINDER PASSAGIER

Als ich schon kaum noch daran zu glauben wagte, kam die Befreiung. Dabei waren wir in R. noch bevorzugt, weil hier die Engländer schon einmarschierten, als in anderen Teilen des Landes noch gekämpft wurde. Am 19. September 1944 war der große Tag, an dem wir zuerst nur wieder den englischen Flugzeugen nachgeschaut hatten, die seit Tagen mit ihren Bomben Richtung Deutschland flogen. Doch plötzlich sahen wir lauter dunkle Punkte am Himmel. Ein Nachbar rief: »Das sind Fallschirmspringer!«

Es war zu erkennen, dass sie nicht in unserem Dorf, sondern in der Nähe eines Nachbardorfes landen würden. In den Wochen davor hatte ich mich innerlich wie abgestorben gefühlt. Vielleicht war dies der letzte Schutzreflex, der mich noch am Leben erhalten hatte. Nun erwachte ich mit einem Mal aus meiner Erstarrung. Wer konnte, packte ein Fahrrad oder lief einfach zu Fuß. Natürlich rannte ich mit allen anderen mit, um die ›Tommys‹, wie wir die englischen Soldaten damals nannten, zu begrüßen. Die ersten ›Engländer‹, auf die wir endlich stießen, waren Polen, die sich der britischen Armee angeschlossen hatten. Unter denen, die sie begrüßten und ihnen zuwinkten, war ich die Einzige, die Englisch konnte. Als Erstes wollten sie wissen, ob es noch deutsche Soldaten in der Gegend gäbe.

»No!«, rief ich und erklärte, dass die letzten Deutschen gerade über die Maas geflohen seien und danach die Brücke in die Luft gesprengt hätten. Die Fallschirmspringer, alles junge Burschen, nicht viel älter als ich, schienen erleichtert. Sie holten Zigaretten und Schokolade aus ihren Rucksäcken und teilten mit uns.

Wirklich zum Leben erweckte mich vor allem einer der englischen Soldaten, die wenig später in Jeeps auch bei uns im Dorf einfuhren. Er hieß Bob, war vierundzwanzig Jahre – und verheiratet. Obwohl ich eine Weile glaubte, verliebt zu sein, war das Entscheidende, was er mir schenkte, etwas anderes: Er gab mir einen großen Teil meiner Selbstachtung zurück.

Dabei war unsere Begegnung zunächst eher komisch: Eines Tages malte ich für Vics Laden auf ein Pappschild eine Kanne, aus der eine braune Flüssigkeit in eine Tasse floss, und schrieb darunter: »Wir haben wieder echten Kaffee!« Das hängte Vic ganz groß ins Schaufenster. So kamen auch englische Soldaten ins Geschäft, die zwar nicht den Text, aber die Zeichnung richtig verstanden hatten. Und Vic lud sie ein, um ihnen für die Befreiung zu danken. Von nun an waren regelmäßig Engländer im Laden. Mehrfach fragten sie mich, ob ich mit ihnen ausgehen wollte. Aber ich wollte nicht. Einmal kam ein Offizier, der Door versprach, dass sie Tee fürs Geschäft erhalten würde, wenn ich mich mit ihm abends am Fluss träfe. Tee hatten wir bis dahin noch nicht wieder einkaufen können. Also schickte Door mich am Abend trotz

der Ausgangssperre zu jener Brücke, wo der Mann mit seiner Einheit stationiert war. Es gab dort einen Wachsoldaten, der offensichtlich über mein Kommen informiert war. Es wurde schnell deutlich, dass der Offizier mich nicht nur treffen, sondern mit mir schlafen wollte. Darauf ließ ich mich aber nicht ein, sondern rannte – ohne Tee – wieder nach Hause.

Bob war ganz anders. Auch er war mit einigen Freunden zum Kaffeetrinken in unseren Laden gekommen und fragte mich höflich, ob er mich ins Kino einladen dürfe. Zu mehreren gingen wir abends in eine Vorstellung und Bob brachte mich danach galant wieder nach Hause. Er war der erste Gentleman meines Lebens. Als er mich fragte, wie ich hieß, überlegte ich erst einen Moment, welchen Vornamen ich nennen sollte. Dann fiel mir im letzten Moment ein, dass Cilly sich im Englischen wie ›silly‹, also dumm, anhören würde. Und so blieb ich erst mal bei meinem Untertauchnamen Berthy.

Er verstand ›Betty‹, die Abkürzung des englischen Namens Elisabeth. »Oh, like our Princess!«, meinte er und lachte.

Ich genoss es sehr, so höflich behandelt zu werden, auch wenn uns beiden klar war, dass unsere Verliebtheit nur dauern könnte, bis er nach England zurück musste. Der Abschied war traurig und doch werde ich ihn niemals vergessen.

Auf das Foto hat Bob, der englische Soldat, Ende 1944 für ›Berthy‹ notiert: »Best of luck und best wishes for Betty – Bob.«

Ich wusste, dass in Limburg, wo sich Jutta befand, noch immer gekämpft wurde. So lange hatte ich meine kleine Schwester nun schon nicht mehr gesehen. War sie noch am Leben? Wie mochte es ihr in den letzten wirren Wochen ergangen sein?

Am 13. Dezember 1944 schrieb sie mir einen Brief, der mich aber erst viel später erreichte:

Liebe Berthy,

zwar weiß ich im Voraus, dass dich dieser Brief noch lange nicht erreicht, trotzdem möchte ich dir gern schreiben. Ich habe vor, dir jetzt öfter zu schreiben. Ich glaube, dass du jetzt schon befreit bist. In dem Moment, in dem ich dir dies schreibe, fühle ich mich dir ganz nahe.

Hier hat sich in den letzten Wochen viel verändert. Wir wohnen hier mit vielen Menschen. Könnten wir doch endlich wieder zusammen sein! Jetzt weiß ich erst, wie sehr ich dich liebe and was ich an dir habe. Denn um eine große Schwester, und vor allem eine Schwester so wie dich, können mich alle beneiden. Das taten meine Freundinnen früher auch immer. Das weißt du sicher noch.

In einigen Dörfern in der Nähe wird noch gekämpft und ab und zu hören wir noch schwere Geschütze von der Front. Ich bin zu neugierig, wie es euch gegangen ist.

Und am 24. Dezember 1944 fügte sie hinzu:

Dich habe ich am liebsten auf der ganzen Welt!

184

Jutta ist 16 und Cilly 19, als sie im Frühjahr 1945 in Eindhoven endlich wieder zusammenkommen. An Cillys Kragen ist ein Abzeichen der ›Royal Air Force (RAF)‹ zu erkennen, das ihr Bob zum Abschied geschenkt hatte.

Es sollte noch bis Anfang Januar 1945 dauern, bis Jutta und ich uns endlich wieder fanden. Was für eine Freude und Erleichterung! Und wie erwachsen war sie inzwischen geworden!

Wir hatten nur einen Wunsch: So schnell wie möglich zusammenwohnen zu können. Frei und von niemandem abhängig! Im Februar 1945 fand ich Arbeit im Notkrankenhaus von Eindhoven. Von meinem monatlichen Lohn von 180 Gulden mietete ich als Erstes eine kleine Zweizimmerwohnung nur für uns beide. Wenig später gingen wir zum Fotografen und ließen ein Foto aufnehmen. Sobald wie möglich wollten wir es an Han-

185

na nach Palästina und an Mutter und Jossel senden, wenn wir uns nur erst alle wieder gefunden hätten. In dem Notkrankenhaus waren anfangs vor allem ehemalige niederländische Zwangsarbeiter. Dann wurden schwer kranke Menschen eingeflogen, die aus den Konzentrationslagern befreit worden waren. Viele waren so am Ende, dass sie trotz unserer Pflege nach wenigen Tagen starben. Es tat so weh, ihnen nicht helfen zu können: Manche waren nicht viel älter als ich und wussten nicht, ob andere Familienmitglieder überlebt hatten, und besaßen doch keinerlei Kraft zum Leben mehr. Die Quälereien in den KZs hatten sie seelisch gebrochen und ihre Körper zerstört.

In Eindhoven tauchte bald nach Kriegsende plötzlich Jakov auf. Ich war glücklich, dass auch er überlebt hatte. Aber wir spürten beide, dass wir nicht da weitermachen konnten, wo wir uns im Sommer 1943 getrennt hatten. Durch die lange Zeit der Trennung, in der wir beide so Verschiedenes erlebt hatten, waren wir uns spürbar fremd geworden. Jakov brach später mit einer neuen Freundin nach Palästina auf.

Nun wollten Jutta und ich so schnell wie möglich herausfinden, was aus Mutter, Hanna und Jossel geworden war. Von Hanna wussten wir, dass sie 1940 nach Palästina hatte gehen können. Aber wo waren Mutter und Jossel? Sie waren beide gesund und kräftig gewesen, als wir sie zuletzt in Frankfurt gesehen hatten. Noch auf dem letzten Foto von 1940 waren sie körperlich in guter Verfassung. Vielleicht hatten sie es geschafft, irgendwo in einem Versteck zu überleben wie

186

wir. Weil wir von Mutter und Jossel lange keine konkrete Spur fanden, begannen wir zuerst nach Hanna zu forschen. Eines Tages hatte Jutta auf der Straße in Eindhoven Soldaten der englischen ›Jewish Brigade‹ gesehen – sie waren daran zu erkennen, dass sie an den Schulterklappen ihrer Uniform zusätzlich einen Davidstern trugen. Was für ein Anblick: kein gelber Stern, der uns ausgrenzen sollte, sondern ein Davidstern als Zeichen für den mutigen Kampf gegen Unterdrückung und Mord!

Wir konnten an jenem Abend gar nicht einschlafen, sondern überlegten bis spät in die Nacht, wie wir einen dieser Soldaten ansprechen könnten. Die meisten jungen Männer dieser Brigade kamen aus Palästina. So könnten wir vielleicht einen Brief an Hanna senden, denn die normale Post funktionierte noch nicht wieder. Wir hofften, Hannas Anschrift über die Eveline-de-Rothschild-Schule in Jerusalem herauszubekommen, die damals das Ziel der meisten Kinder der Israelitischen Waisenanstalt aus Frankfurt gewesen war, die nach Palästina hatten ausreisen können.

In den nächsten Tagen hielt ich nach Dienstschluss Ausschau nach jenen jüdischen Soldaten in der englischen Armee. Bald traf ich auf zwei von ihnen und sprach sie direkt an. Sie waren beide freundlich und versprachen, alles zu tun, was in ihrer Macht stand. So kamen wir uns näher. Einer der beiden, Nachum, verliebte sich wenig später heftig in mich. Irgendwann schlug er vor, dass wir doch alle zusammen – Jutta, ich und er – nach Palästina gehen sollten.

Es war ein aufregender Gedanke – und ein so lang

gehegter Traum. Allerdings war das, solange Palästina noch englisches Mandatsgebiet war und es den Staat Israel noch nicht gab, keineswegs eine leichte Sache. Wir machten viele Pläne und auch Tante Mies und Tante Cok in Amsterdam wurden um Rat gefragt.

Inzwischen wurde Nachum in Belgien stationiert, aber wir hielten engen Kontakt. Eines Tages schlug er mir vor zu heiraten. Im ersten Moment erschreckte mich der Gedanke. Ich wollte zwar um alles in der Welt mit Jutta nach Palästina, aber heiraten? Hinzu kam, dass die Engländer ihren Soldaten Ehen mit deutschen Frauen prinzipiell untersagt hatten. Da ich in Deutschland geboren war, galt ich nach englischem Recht als Deutsche – meine tschechische Staatsangehörigkeit war in diesem Fall unerheblich. Aber Nachum ließ nicht locker. Auch die Tanten und Jutta redeten auf mich ein: »Nachum ist so ein guter Mann!« Einmal sagte ich unwirsch zu Jutta: »Dann nimm du ihn doch!«

Aber schließlich willigte ich ein, weil er sich wirklich treu und liebevoll um uns beide kümmerte. Erst heirateten wir bei einem Rabbiner nach jüdischem Ritual. Als ich wenig später schwanger wurde, schlossen wir die Ehe im März 1946 auch vor einem niederländischen Standesamt. Die beiden Tanten organisierten eine Feier im kleinen Kreis für uns.

Nach wie vor aber weigerte sich die englische Mandatsmacht in Palästina, uns als Ehepaar anzuerkennen und mich als Nachums Ehefrau einreisen zu lassen. Schließlich wussten wir uns in unserer Not nicht anders zu helfen, als erneut illegale Pläne zu schmieden, um nach Palästina zu kommen.

Eines Nachts im April 1946 kam Nachum aus Belgien nach Eindhoven, um zunächst mich und ein paar Tage später auch Jutta abzuholen. Er hatte den Plan, uns als Soldaten verkleidet über die Grenze nach Belgien zu schmuggeln und von dort mit Hilfe der ›Jewish Brigade‹ über Paris weiter in die südfranzösische Hafenstadt Marseille zu bringen.

Dieser erste Teil des Plans klappte hervorragend. Ich hatte die Soldatenmütze tief ins Gesicht gezogen und tat bei jeder Kontrolle so, als würde ich schlafen. Wir wurden ohne Probleme durchgewunken.

In Marseille saßen wir jedoch erst mal fest. Inzwischen war ich im sechsten Monat schwanger. Es war klar, dass wir drei uns würden trennen müssen, denn Nachum konnte legal nach Palästina zurückkehren, wo seine Eltern und andere Verwandte seit über zwanzig Jahren lebten. Und Jutta hatte gute Chancen in einer Gruppe vor allem polnischer und ungarischer Überlebender aus den KZ, die sich auf Hebräisch ›Af Al Pi‹ nannten, was so viel bedeutet wie ›Trotz alledem‹. Diese Gruppe spielte täglich Möglichkeiten durch, allen Widerständen zum Trotz ins Gelobte Land zu kommen, und war zu jedem Abenteuer bereit. Diesem harten Training war ich körperlich nicht mehr gewachsen, denn mein Bauch wurde täglich dicker. Trotzdem ließen sie mich nicht im Stich und schafften es, mich trotz strenger Kontrollen als blinden Passagier auf das französische Luxusschiff ›André le Bon‹ zu schmuggeln. Bei mir hatte ich nichts weiter als etwas Schokolade und eine Flasche Trinkwasser. Oft war ich in Versuchung, mit in den Speisesaal zu gehen und zu sehen, ob ich nicht irgendwelche Reste ergattern könnte. Dann bekam ich aber mit, wie eine andere jüdische Frau mit einem kleinen Kind, die ebenfalls keine gültigen Papiere hatte, dabei entdeckt und vom Kapitän bei einem Zwischenstopp in Nordafrika einfach ausgesetzt wurde. Dieses Risiko wollte ich nicht eingehen und so harrte ich eisern in meinem Versteck aus.

Zwei Tage lang tobte ein Sturm, bei dem ich schrecklich seekrank wurde. Das hatte immerhin den Vorteil, dass ich nichts essen konnte und auf diese Weise etwas von meiner Schokolade sparte. Nach zehn Tagen tauchte vor uns die Küste des Heiligen Landes auf: der Hafen von Haifa mit seinen über den Karmelberg verstreuten hellen Häusern. Mein Herz klopfte bis zum Hals. Zwar war ich etwas schwach von der Fahrt ohne ausreichendes Essen, aber dennoch fühlte ich in diesem Moment eine unglaubliche Stärke in mir. Ich hatte es geschafft! Ich war in Palästina, im Gelobten Land, angekommen!

Aber nun stellte sich das nächste Problem: Wie sollte ich vom Schiff an Land kommen? Nachdem alle legalen Passagiere mit kleinen Booten zum Hafen gebracht worden waren, blieben außer mir noch fünfzehn andere blinde Passagiere übrig – lauter Juden wie ich. Der eine hatte mit Konservendosen überlebt, der andere hatte zehn Tage nur trockenes Brot gegessen. Und ich Schokolade. Obwohl wir nun von der englischen Polizei zunächst noch an Bord in Kabinen eingesperrt wurden, waren wir in ausgelassener Stimmung. Wir sangen Lieder und bestätigten uns immer wieder gegenseitig, dass wir es geschafft hatten. Jeder verdrängte die Angst,

190

eventuell nach Syrien abgeschoben oder gar nach Frankreich zurückgeschickt zu werden.

Wir hatten Glück: Wir kamen in ein großes, weit außerhalb der Stadt gelegenes Internierungslager mit Stacheldraht und strenger Bewachung – aber in Palästina. Als wir im Hafen in einen Bus umsteigen mussten, der uns zum Lager bringen sollte, riefen plötzlich zwei Mädchen meinen Namen: »Cilly! Cilly!« Dahinter standen zwei Erwachsene, die mir zuwinkten, die ich aber nicht erkannte. Für einen kurzen Moment konnten sie dichter herankommen und riefen: »Wir sind Verwandte aus der Tschechoslowakei! Wir haben dich gesehen, als du mit fünf Jahren bei deinen Großeltern zu Besuch warst!« Du liebe Zeit, das war vor sechzehn Jahren gewesen! Trotzdem machte es mich froh, dass mich hier schon jemand erkannt hatte und die Nachricht von meiner Ankunft sicher weitergeben würde.

Nachum hatte mich an diesem Morgen am Hafen leider verpasst. Erst ein paar Tage später gelang es ihm, bis an den Stacheldraht unseres Lagers zu kommen, wo wir zumindest miteinander reden konnten. Bis zum 15. Juli 1946 musste ich zunächst in diesem und dann noch in einem anderen Lager bleiben, dann kamen wir unvermittelt frei und erhielten vorläufige Aufenthaltsgenehmigungen. Ein Bus brachte uns nach Haifa, hielt jedoch an einer anderen Stelle, als uns und unseren Freunden und Verwandten vorher mitgeteilt worden war. Und so lief ich erst ganz allein die Herzlstraße hinunter. Unter dem Arm trug ich nur einen Liegestuhl, den mir Verwandte ins Lager geschickt hatten, weil es dort nicht genug Betten gab. Vor einem Haus blieb ich stehen und schaute mich ratlos um. Da kamen plötzlich zwei junge Leute auf mich zu. Ich traute meinen Augen kaum: Tatsächlich, das war meine Schwester Hanna! Ich ließ den Liegestuhl fallen und wir flogen einander um den Hals. Vor acht Jahren hatten wir uns zuletzt gesehen. Ihren Begleiter stellte sie mir als ihren jungen Ehemann vor. Und sie berichtete, dass auch Jutta die Flucht nach Palästina gelungen war. Nun war ich wirklich angekommen.

In den nächsten Tagen traf ich Jutta, die mir ausführlich von ihrer Überfahrt in einem viel zu kleinen Boot berichtete. Nachums Familie nahm mich liebevoll auf und im Oktober 1946 wurde meine Tochter Rina geboren. Ich begann zu ahnen, was es heißen kann, glücklich zu sein. Rina, die heute ebenfalls in Deutschland wohnt, und meinem 1957 in Deutschland geborenen Sohn Benny, der heute mit seiner Familie in England zu Hause ist, möchte ich dieses Buch widmen.

Dass Mutter und Jossel nicht überlebt hatten, daran wollte ich lange Zeit nicht glauben. Da es kein Grab zum Trauern gab und keine Zeugen ihres Todes, schaffte ich es immer wieder, diese Tatsache zu verdrängen. Erst Jahrzehnte später konnte ich Tränen zulassen über ihren sinnlosen und brutalen Tod irgendwo am Ende ihrer Deportation von Frankfurt nach Minsk im Mai 1942, etwa zu der Zeit, als ich meinen Stempel ›bis auf weiteres vom Arbeitseinsatz zurückgestellt‹ in der *Créche* in Amsterdam erhielt.

Das alles ist lange her und doch fühlt es sich manchmal an, als sei es gestern gewesen.

192

Cilly (21) mit ihrer Tochter Rina Anfang 1947 in Haifa, Palästina.

Das Internationale Rote Kreuz veröffentlichte 1947, nachdem die Registrierung von jüdischen Überlebenden weitgehend abgeschlossen war, eine Information, nach der die allermeisten jüdischen Kinder und Jugendlichen, die versucht hatten, die Nazizeit in den Niederlanden zu überleben, bis auf wenige Ausnahmen in Konzentrationslagern umgekommen beziehungsweise ermordet worden sind. Kinder und Jugendliche wie die später berühmt gewordene Anne Frank und ihre Schwester Margot, aber auch die unbekannte Lena, meine Freundin aus dem Amsterdamer Mädchenwaisenhaus, die mich so stolz ihrem Vater vorgestellt hatte.

Zu den ›wenigen Ausnahmen‹ gehören meine Schwester Jutta, ich und meine Freundinnen Suzy und Rosa. Wir hätten nicht überlebt, wenn es nicht Menschen wie Tante Cok und Tante Mies – Cornelia W. Ouweleen und Marie L. Hoefsmit – gegeben hätte. Und jene Familien, bei denen wir untertauchen konnten, auch wenn dies nicht immer nur gute Erfahrungen waren.

Tante Cok und Tante Mies wurden 1968 in Israel als ›Gerechte unter den Völkern‹ geehrt, die höchste Auszeichnung des israelischen Staates für Nichtjuden. Viele von uns ehemaligen Kindern, die überlebt haben, waren zu der Ehrung nach Jerusalem gekommen.

Frans W. erhielt diese Auszeichnung 1984 in den Niederlanden und Onkel Wim, Tante Berta und Vic wurden noch nach ihrem Tode 1997 auf diese Weise geehrt.

194

»ICH BIN CILLY«
Nachwort von Cilly Levitus-Peiser

»Zu keinem ein Wort!« Die Stimme von Tante Cok klingt noch in meinem Ohr. Damals, 1943, war ich siebzehn Jahre und saß verängstigt neben ihr in der Bahn, die mich aus Amsterdam in mein erstes Versteck aufs Land bringen sollte – unter falschem Namen und mit gefälschten Papieren. Viele meiner Freundinnen und Freunde waren schon abgeholt worden von den Nazis. Dass meine Mutter und mein kleiner Bruder Jossel bereits ermordet worden waren, wusste ich zu diesem Zeitpunkt noch nicht.

Die Stimme von Tante Cok, leise, damit wir nicht auffielen, und gleichzeitig mit einem freundlichen Blick, der mich beruhigen sollte – ich höre sie noch heute, wo ich mich allmählich meinem achtzigsten Lebensjahr nähere. Das Verstecken, das Anpassen, das Aufgeben der eigenen Identität, aber auch der Wille zum Durchhalten und für meine jüngere Schwester Jutta zu sorgen – all das hat mir damals geholfen zu überleben, aber es hat auch mein Leben bis heute geprägt.

»Zu keinem ein Wort!« Erst vor ein paar Jahren habe ich begonnen zu sprechen, zu erzählen, mitzuteilen, mich zu öffnen, all das, was ich in mir verschlossen hatte, langsam hinauszulassen, nicht nur gegenüber den eigenen Kindern und Enkelkindern, sondern auch gegenüber einer interessierten Öffentlichkeit. Ich bin eingeladen worden, als Zeitzeugin vor Kindern und Jugendlichen in Schulen aufzutreten. Danach kommen manchmal Journalisten, die noch ein Interview machen möchten. Im niederländischen Fernsehen ist ein Dokumentarfilm gesendet worden, in dem ich über meine Zeit in Amsterdam berichte.

Allmählich entstand in mir der Wunsch, die Geschichte meiner Kindheit und Jugend so aufzuschreiben, dass sie im Zusammenhang erzählt wird. Nicht nur die Teile, nach denen mehr mehr oder weniger zufällig gefragt wird. Allein traute ich mir diese Aufgabe jedoch nicht zu. So war ich sehr froh, als es mit Unterstützung des Jüdischen Museums in Frankfurt gelang, den deutsch-niederländischen Autor Lutz van Dijk für diese Aufgabe zu gewinnen.

Die Zusammenarbeit war viel intensiver, als ich je gedacht hätte. Lutz und ich sind dabei Freunde geworden, auch wenn er es mir nicht immer leicht gemacht hat. Oft hat er nachgefragt, wenn irgendwo etwas widersprüchlich erschien, er hat in Archiven in Deutschland und Holland geforscht, wenn ich historische Hintergründe selbst nicht kannte oder mich an bestimmte Details beim besten Willen nicht mehr erinnern konnte.

Was jetzt in diesem Buch als meine Geschichte vorliegt, stimmt nach meiner Erinnerung: So habe ich es erlebt. Ich weiß von manchen Freunden und Bekannten, die diese Zeit auch durchgemacht haben, dass sie einiges genauso, manches ähnlich und einiges völlig anders im Gedächtnis behalten haben. So ist das. Ich behaupte nicht, die absolute Wahrheit zu beschreiben, sondern nur jene Wirklichkeit, wie ich sie erlebt habe und mich heute daran erinnere. Es ist meine Wahrheit.

Die einzige Einschränkung, die ich dagegen machen muss, lautet: Nicht alles und alle sind erwähnt. Da wir uns für die Form einer Erzählung entschieden haben, war es wichtig, so anschaulich wie möglich zu berichten. Für die meisten jungen Leute heute ist die damalige Zeit vermutlich gefühlsmäßig ebenso weit weg wie das Mittelalter. Die ausführlichen Schilderungen mir besonders wichtiger Szenen gingen auf Kosten der Vollständigkeit aller Erlebnisse und Begegnungen, die ich damals bis zum Ende des Krieges hatte, weil sonst das Buch sicher am Ende über tausend Seiten gehabt hätte. Es tut mir Leid, dass ich nicht alle Menschen erwähnen konnte, die ich damals traf und die auf die eine oder andere Art zwar nicht vergessen sind, aber in dieser Erzählung keinen eigenen Raum gefunden haben. Auch sind auf Wunsch einiger, die im Buch eine Rolle spielen, nur die Vornamen genannt oder die Namen gänzlich verändert. Alle Orte und historisch bekannten Namen sind dagegen korrekt aufgeführt.

»Zu keinem ein Wort!« Nun habe ich – mit Hilfe von Lutz van Dijk – viele Worte gemacht. Warum? Zum einen erlebe ich es persönlich als eine Art Befreiung, dass ich gesiegt habe über jene, die meine Schwester Jutta, meine Freundinnen Suzy und Rosa, mich und so viele andere damals zwangen, illegal zu leben und bei-

Cilly Levitus-Peiser im Sommer 2001.

nah unsichtbar zu werden. ›Wir leben ewig – und wir sind da!‹, heißt es am Ende eines berühmten Liedes des jungen jiddischen Dichters Hirsch Glik, der nur wenig älter war als ich und kurz vor Kriegsende erschossen wurde.

Zum zweiten glaube ich daran, dass Geschichten, die erzählen, wie wichtig es ist, dass junge Menschen frei und mit Liebe und Achtung vor ihren Sehnsüchten aufwachsen können, eine universelle Bedeutung haben: Sie können uns – alten wie jungen Menschen und wo immer wir leben auf dieser Erde – Mut machen, niemals unsere Träume und Hoffungen aufzugeben. Und in diesen Träumen und Hoffnungen können wir einander erkennen, unabhängig von Religion oder Hautfarbe oder Muttersprache oder was auch immer auf den ersten Blick sonst noch so trennend erscheinen mag.

Cilly Levitus-Peiser
Langen (bei Frankfurt am Main),
im Sommer 2001

ANHANG

EIN BESONDERES MÄDCHEN, EINE UNGEWÖHNLICHE FRAU
Nachwort von Helga Krohn,
Jüdisches Museum, Frankfurt am Main

Im Januar 1995 gab es in Frankfurt ein Wiedersehen besonderer Art. Aus verschiedenen Orten in Israel waren jene wenigen Menschen zusammengekommen, die einmal als Kinder oder Jugendliche im jüdischen Waisenhaus am Röderbergweg gelebt hatten und nach Palästina gelangt waren. Dabei war auch Cilly Peiser. Ihre Schwestern Hanna (heute: Cohen) und Jutta (heute: Rosen) waren extra aus Israel angereist.

Es war zuerst ein Fest der Erinnerung. Viele schöne, auch manche lustigen Episoden wurden aufgewärmt: »Wisst ihr noch ...?« – »Könnt ihr euch noch erinnern ...?« So begann es. Aber dann gab es auch traurige Augenblicke. Denn viele Kinder aus dem Waisenhaus und zahlreiche Schulfreunde von damals konnten nicht vor der Ermordung gerettet werden. Und das Schlimmste: Fast alle, wie auch Cilly, Hanna und Jutta, berichteten, dass sie die Eltern verloren hatten. Die meisten Kinder waren nämlich keine echten Waisen. Ihre Eltern hatten sie nach Frankfurt geschickt, weil es dort noch jüdische Schulen und Heime für Kinder gab, die mehr Geborgenheit und Schutz versprachen als das Elternhaus.

Allein, unbegleitet von Eltern oder Verwandten, hatten sie als Kinder Deutschland verlassen müssen, weil nach dem November 1938 kein Land mehr kompletten Familien Einreisepapiere ausstellte. Nur für Kinder gab es ab und zu noch Rettungswege: Großbritannien, Frankreich, die Niederlande und Palästina (heute Israel) nahmen zusätzlich Kinder auf.

Für die meisten war es 1995 das erste Mal, dass sie wieder in Frankfurt waren. In der kleinen Gruppe half man sich ge-

203

genseitig bei den schmerzlichen Erinnerungen: die Verletzungen und Angriffe durch Mitschüler, Lehrer und Nachbarn; die Verzweiflung der Eltern, die ihre Arbeit verloren und keine Geldreserven mehr hatten und nicht wussten, wohin; die Hilfe und Zuwendung, die sie im Waisenhaus erfuhren, und das Glück, noch zur Schule gehen zu dürfen. Manche berichteten auch vor heutigen Frankfurter Schülerinnen und Schülern. Sie erzählten von den unterschiedlichen Gefühlen beim Weggehen aus Frankfurt – bei den einen überlagerte damals die Abenteuerlust den Trennungsschmerz von den Eltern, bei anderen überwogen die Traurigkeit des Abschieds und die Angst vor der Fremde.

In dieser Gruppe war Cilly Peiser die Einzige, die wieder nach Deutschland zurückgekehrt war. Seit 1957 lebt sie in der Nähe von Frankfurt am Main. In den vergangenen Jahren entstand ein besonders enger Kontakt zwischen ihr und dem Jüdischen Museum. Für Ausstellungen und Publikationen stellte sie Fotos und Informationen zur Verfügung. Vor Schulklassen zeigte sie ihren Film ›Das Nadelöhr‹ und stand anschließend Rede und Antwort. Cilly Levitus war ein besonderes Mädchen, das spürte jeder, der ihr zuhörte.

Sie ist heute eine ungewöhnliche Frau. Die 76 Lebensjahre merkt man ihr nicht an, schon gar nicht, wenn sie mit jungen Menschen spricht. Ihre Liebe zu Menschen, und ganz besonders zu Jugendlichen, ist dabei spürbar. Und ihre Ehrlichkeit, mit der sie auch bisherige Tabuthemen anspricht und sich selbst nicht schont, verdient Anerkennung. Aufschreiben wollte sie ihre Geschichte nicht, wohl aber in Interviews erzählen. Nachdem wir im Museum dann ihre Tagebücher und Briefe lesen durften, entstand die Idee, ein Jugendbuch schreiben zu lassen. Dem Schriftsteller Lutz van Dijk, dreißig Jahre jünger als Cilly, ist es gelungen, aus der Perspektive eines jungen Menschen in damaliger Zeit eindringlich zu erzählen.

CILLY LEVITUS-PEISER
Stationen eines Lebens

1925: Am 19. Oktober wird Cäcilie, genannt Cilly, als zweite Tochter des Kaufmanns Ignatz Levitus und seiner Frau Regina, geborene Lesegeld, in Frankfurt am Main geboren. Die Familie ist tschechischer Nationalität und lebt mit einer Aufenthaltsgenehmigung in Deutschland. Sie ist zunächst wohlhabend.

1928: Cillys jüngere Schwester Jutta wird geboren.

1929: Nach dem Börsenkrach in New York, dem so genannten »Schwarzen Freitag«, verlieren Cillys Eltern ihr gesamtes Vermögen.

1929-30: Cilly wird für einige Zeit zu den Großeltern in die Tschechoslowakei geschickt, da es der Mutter vor der Geburt des vierten Kindes, Josef – und belastet durch materielle Sorgen – gesundheitlich nicht gut geht.

1930: Cillys Bruder Josef, das jüngste Geschwisterkind, wird geboren.

1931: Cillys Vater stirbt mit 36 Jahren an Lungenkrebs. Er hinterlässt seine 29-jährige Frau mit den vier Kindern mittellos. Sie findet eine Arbeit als Haushälterin.

1932: Cilly und ihre ältere Schwester Hanna kommen in die Israelitische Waisenanstalt am Röderbergweg in Frankfurt am Main. Die jüngere Jutta und der Säugling Josef, genannt Jossel, bleiben bei der Mutter. Cilly wird in die Volksschule am Röderbergweg eingeschult, die wie das Heim zur Israelitischen Religionsgemeinschaft gehört, einer orthodoxen Abspaltung der jüdischen Gemeinde Frankfurts. Ab dem 5. Schuljahr geht sie in die Samson-Raphael-Hirsch-Schule am Tiergarten, die zur gleichen Religionsgemeinschaft gehört.

1933: Nach dem Machtantritt der Nazis in Deutschland bekommt auch Cilly den geschürten Hass nichtjüdischer Kinder auf jüdische verstärkt zu spüren, vor allem auf dem Schulweg, auf dem sie öfter von älteren christlichen Schülern belästigt wird.

1935: Die Nürnberger Gesetze erklären Juden in Deutschland zu Bürgern zweiter Klasse. Die christlichen Angestellten im Waisenhaus, darunter auch das von Cilly geliebte Dienstmädchen Lisa, dürfen nicht mehr für Juden arbeiten und müssen das Heim verlassen.

1938: Ende Oktober werden alle polnisch-jüdischen Kinder im Rahmen der so genannten ›Polen-Aktion‹ aus dem Heim geholt, um nach Polen deportiert zu werden. Es glückt, sie in letzter Minute vom Bahnhof zurückzubringen.

Am Tag nach der Pogromnacht (»Kristallnacht«) vom 9./10. November 1938 dringen junge Mitglieder der Hitlerjugend und der SA in das Waisenhaus ein, randalieren und zerstören Mobiliar und nehmen einige Angestellte fest. Die Kinder sind verstört und eingeschüchtert.

Am 22. November kann Cilly, 13 Jahre, mit ihrer zehnjährigen Schwester Jutta und insgesamt 24 Kindern des Heims durch einen von der niederländischen Königin Wilhelmina ermöglichten Transport jüdischer Kinder nach Amsterdam ausreisen. Dort werden Cilly und Jutta vom Israelitischen Mädchen-Waisenhaus in der Rapenburgerstraat aufgenommen. Ihre ältere Schwester Hanna, der kleine Bruder Josef und die Mutter bleiben zurück in Frankfurt.

1939: Cilly beginnt eine Ausbildung an der Fachschule für Haushaltung in Amsterdam, Jutta geht in die Volksschule.

Am 1. September 1939 beginnt der Zweite Weltkrieg mit dem Überfall der deutschen Wehrmacht auf Polen. England und Frankreich erklären Deutschland den Krieg.

1940: Am 10. Mai überfällt die deutsche Wehrmacht im so genannten ›Westfeldzug‹ auch die Niederlande. Cilly erlebt den Angriff am Morgen des 10. Mai im Waisenhaus. Am 13. Mai flüchtet die niederländische Königin mit ihrer Familie ins Exil nach England. Einen Tag später wird die Hafenstadt Rotterdam schwer bombardiert, 900 Einwohner sterben. Am 15. Mai kapitulieren die Niederlande. Von den deutschen Besatzern werden die ersten Maßnahmen gegen Juden verkündet. So werden zum Beispiel alle jüdischen Beamten in den Niederlanden entlassen.

Im Sommer erfährt Cilly durch einen Brief der Mutter, dass die ältere Schwester Hanna mit einem Kindertransport nach Palästina auswandern konnte. Die Mutter und ihr Bruder Josef bleiben weiter in Frankfurt.

1941: Alle Juden in den Niederlanden müssen sich registrieren lassen. Als im Februar etwa 400 jüdische Männer willkürlich festgenommen und deportiert werden, kommt es am 25. Februar zum Proteststreik der Amsterdamer Bevölkerung. Der Streik wird mit Gewalt beendet.

Cilly besteht die Abschlussprüfung an der Fachschule für Haushaltung. Sie beginnt danach eine Ausbildung zur Säuglings- und Kinderpflegerin in der *Crèche*, einer Kindertagesstätte gegenüber der der *Schouwburg*, die später zum Sammelplatz der Amsterdamer Juden vor der Deportation wird.

1942: Ab 2. Mai müssen alle Juden ab 6 Jahren in den Niederlanden den gelben Stern tragen. Ab Juli 1942 beginnt die Deportation über das niederländische Lager Westerbork in die deutschen Vernichtungslager in Osteuropa.

In Frankfurt werden Cillys Mutter Regina Levitus und ihr kleiner Bruder Josef im Mai abgeholt und in einem Transport mit anderen Juden nach Minsk deportiert. Erst nach dem Krieg erfährt Cilly, dass alle Juden dieses Transports in Minsk ermordet wurden.

In der *Crèche*, in der Cilly arbeitet, werden nun die Kinder der in der Sammelstelle eingesperrten jüdischen Familien betreut. Cilly erhält wegen ihrer Arbeit hier einen Stempel in ihren Ausweis, durch den sie »bis auf weiteres« von der Deportation in die Vernichtungslager zurückgestellt ist.

In der *Crèche* organisiert Walter Süskind, der hier vom Jüdischen Rat angestellt ist, gemeinsam mit der Direktorin Henriette Pimentel, einem Teil des Personals sowie Leuten aus dem Widerstand bis September 1943 das Untertauchen von jüdischen Kindern, die in Verstecke außerhalb Amsterdams gebracht werden.

1943: Am 10. Februar wird das Israelitische Mädchen-Waisenhaus ›geschlossen abgeholt‹, das heißt, die meisten Mädchen und mehrere der Betreuerinnen einschließlich der Direktorin Rebecca Frank werden deportiert. Nur wenige können im letzten Moment entkommen. Cilly gelingt es, ihre Schwester Jutta noch von einem Bahnhof in Amsterdam zurückholen zu lassen. Jutta und Cilly wohnen ab jetzt bei jüdischen Familien, die noch nicht abgeholt wurden und für die Kinderbetreuung vom Jüdischen Rat Entschädigung erhalten und vorläufig von der Deportation zurückgestellt werden.

Cilly bleibt einige Wochen bei der Familie Granaat in Amsterdam-Süd, wo sie den fünfzehnjährigen Jakov, der eigentlich Heinz Landwirth heißt, kennen lernt. Später kann sie noch eine Weile in der *Crèche* wohnen. Im Frühsommer 1943 wird Jutta mit der sie betreuenden Familie abgeholt und in die *Schouwburg* gebracht. Cilly wagt es, mit einem SS-Mann zu sprechen, der dafür sorgt, dass Jutta dort wieder herausgeholt wird.

Als die Lage immer gefährlicher wird, folgt Cilly dem Rat von Jakov und taucht mittels gefälschter Papiere unter: Sie

heißt ab jetzt Lambertha Kroon. Jakovs ›Untertauchname‹ ist
Jan. Durch die Hilfe zweier christlicher Lehrerinnen der frü-
heren Haushaltungsschule – Cornelia W. Ouweleen und Marie
L. Hoefsmit – findet sie Aufnahme beim Ehepaar Wim und
Bertha A. und ihren vier Söhnen auf dem Land in dem Dorf H.,
Nord-Brabant. Nach ein paar Monaten beginnen Gerüchte,
dass die Familie eine Jüdin beherberge.

Ende Oktober muss Cilly über Nacht die Familie verlassen
und versteckt sich bis Dezember im Nachbardorf D. bei Frans
W. und seiner Frau Mien. In den Niederlanden verstecken sich
rund 25 000 Juden, von denen etwa 8 000 später entdeckt oder
verraten und doch noch deportiert werden.

1944: Cilly hat seit Dezember 1943 ein neues Unterkommen
bei Vic van A., seiner Frau Door und deren Bruder Albert
in R. gefunden, so weit weg von den ersten beiden Dörfern,
dass sie sich wieder aus dem Versteck wagen kann und erneut als Lambertha Kroon auftritt. Sie arbeitet dort als katho-
lische Magd. Es gelingt ihr, über die beiden Lehrerinnen, die im
Untergrund nur noch Tante Cok und Tante Mies heißen, Kontakt zu Jutta zu halten, die bis zur Befreiung bei über zwanzig
verschiedenen Adressen unterkam.

Im September wird das Dorf R. von den Engländern befreit
und Cilly lernt den englischen Soldaten Bob kennen. Bald darauf meldet sie sich als Krankenschwester für die Arbeit in
einem Notkrankenhaus in Eindhoven, wo aus den Konzentrationslagern befreite, kranke Menschen gepflegt werden. Für
sich und Jutta mietet sie dort eine kleine Wohnung.

1945: Am 5. Mai 1945 sind die Niederlande überall befreit.
Am 8. Mai kapituliert Hitler-Deutschland bedingungslos und
der Zweite Weltkrieg ist in Europa endlich vorbei. Von Juli
1942 bis September 1944 sind von den insgesamt 140 000
niederländischen Juden etwa 105 000 deportiert werden. Nach
der Befreiung kehren nur etwa 5 000 von ihnen aus den Vernichtungslagern der Nazis zurück.

Cilly lernt in Eindhoven den in Palästina aufgewachsenen jungen Soldaten der ›Internationalen Jüdischen Brigade‹ Nachum Guertzovsky kennen.

1946 - 1955: Cilly heiratet Nachum und wandert mit Jutta mithilfe der ›Jüdischen Brigade‹ illegal über Belgien und Frankreich nach Palästina ein. Dort wird im Oktober ihre Tochter Rina geboren. Sie arbeitet in Palästina und dann ab 1948 in Israel vor allem in pädagogischen Berufen mit besonders bedürftigen Kindern und Jugendlichen. Die Staatsgründung Israels im Mai 1948 erlebt sie als besonderen Höhepunkt in ihrem Leben. Nach ihrer Scheidung von Nachum heiratet sie ein zweites Mal. Auch diese Ehe geht nicht gut.

1956: Erst in ihrer dritten Ehe, die sie mit dem Funk-Offizier Hans Peiser in Haifa, Israel, schließt, wird sie glücklich.

1957 - 1969: Cilly kehrt mit ihrem dritten Mann, der elfjährigen Tochter Rina und dem drei Monate alten Sohn Benny, der 1957 in Haifa geboren wurde, nach Deutschland zurück.

1970 - 1986: Nachdem ihr Mann nach schwerer Krankheit Frührentner wird, bildet sich Cilly durch verschiedene Kurse und Lehrgänge fort und ist bis 1986 als Sonderpädagogin im Hessischen Schuldienst tätig.

Seit 1986: Bis heute therapiert sie in Kooperation mit der Kinderklinik Offenbach Kinder mit Legasthenie (Lese-Rechtschreib-Schwäche) in ihrer eigenen Praxis. Seit einigen Jahren folgt sie Einladungen als Zeitzeugin an Schulen. 1993 wird sie für eine Dokumentation des niederländischen Fernsehens über ihre Zeit in Amsterdam interviewt.
Im Jahr 2000 gründet sie mit anderen Betroffenen eine Organisation, die ›Child Survivors Deutschland‹, die sich Menschen widmet, die als Kinder die NS-Zeit überlebt haben. Cilly ist die erste Vorsitzende dieser Organisation.

210

ANMERKUNGEN

1 Isidor Marx und seine Frau Rosa leiteten die Israelitische Waisenanstalt (gegründet 1876, im Neubau am Frankfurter Röderbergweg seit 1903) ab 1918. Sie wohnten selbst im zweiten Stock des Waisenhauses und ihre Tür stand allen Kindern immer offen. Sie waren sehr beliebt und wurden von allen Onkel Isidor und Tante Rosa genannt. Das Haus war für 75 Kinder geplant, ab 1935 kamen immer mehr Kinder hinzu. Quelle: Jüdisches Museum Frankfurt (Hg.): Ostend. Blick in ein jüdisches Viertel, Frankfurt/M. 2000, S. 140-142

2 1935 wurden in Deutschland die so genannten ›Nürnberger Gesetze‹ erlassen. Damit wurden Juden zu Bürgern zweiter Klasse erklärt. Das Gesetz behauptete, Juden gehörten einer eigenen ›Rasse‹ an, die minderwertig sei. Gleichzeitig wurde der Kontakt zwischen Juden und Nichtjuden immer mehr eingeschränkt. So wurden zum Beispiel Eheschließungen verboten, selbst Liebesbeziehungen zwischen Juden und Nichtjuden galten als ›Rassenschande‹ und konnten mit Zuchthaus bestraft werden.

3 Am 28. und 29. Oktober 1938 schob die deutsche Regierung von den über 50 000 in Deutschland lebenden polnischen Juden rund 15 000 über die Grenze nach Polen ab (die so genannte ›Polen-Aktion‹). Vorausgegangen war die Drohung der polnischen Regierung, allen im Ausland lebenden polnischen Juden die polnische Staatsangehörigkeit zu entziehen. Die deutsche Regierung wollte nicht auf staatenlosen Juden ›sitzen bleiben‹ und trieb sie – oft mit Gewalt – über die Grenze. Die polnische Regierung wollte sie nicht aufnehmen und ließ sie in von jüdischen Hilfsorganisationen errichteten Notlagern an der Grenze hausen, bis – zum Teil erst nach Monaten – neue Unterkünfte gefunden werden konnten.

4 Mehrere ehemalige Kinder aus der Israelitischen Waisenanstalt erinnern sich, wie sich Isidor Marx am 10. November 1938 unter dem Tisch im Speisesaal der Jungen vor den Nazis versteckte. Er selbst erwähnt diese Szene nach 1945 nicht, sondern berichtet, wie am 11. November 1938 »mehrere hohe Herren der SS und Gestapo« zu ihm gekommen seien und ihn aufgefordert hätten, noch mehr Kinder, deren Eltern geflohen oder verhaftet worden waren, im Heim aufzunehmen. Sollte er dieser Forderung nicht nachkommen, würde er ebenfalls im KZ landen. Er habe daraufhin um Erlaubnis gebeten, sich um die Unterbringung von noch mehr Kindern im Ausland zu bemühen, was ihm zugestanden worden sei. Sinngemäß zitiert nach: Krohn, Helga (Hg.): Vor den Nazis gerettet. Eine Hilfsaktion für Frankfurter Kinder 1939/40, S. 25-26, Frankfurt/M. 1995

5 Ab Mitte November 1938 hat Isidor Marx alles getan, um so viele Kinder wie möglich ins Ausland zu bringen. Insgesamt halfen er und seine Frau rund tausend Kindern bei der Flucht. Bei Kriegsausbruch im September 1939 befand er sich mit einer Kindergruppe in England und kehrte nicht nach Frankfurt zurück. Seine Frau führte das Haus mit einigen Angestellten noch bis Frühjahr 1942 weiter. Dann wurde sie mit allen verbliebenen Kindern von den Nazis deportiert und ermordet. Ende Juni 1942 wurde das Haus geräumt, im späteren Kriegsverlauf von einer Bombe getroffen und in den Fünfzigerjahren abgerissen. Vgl.: Jüdisches Museum Frankfurt (Hg.): Ostend. Blick in ein jüdisches Viertel, Frankfurt/M. 2000, S. 140-142

6 Mosche Frank, geboren 1924 in Fulda, kommt mit dem gleichen Kindertransport wie Cilly am 22. November 1938 in die Niederlande, wo er zunächst in einem Kinderheim in Utrecht wohnt. Während dieser Zeit hat er nach eigenen Angaben auch persönlich Kontakt mit Anne Frank und ihrer Familie und besucht sie einige Male am Merwedeplein in Amsterdam. Nach der deutschen Besetzung taucht

er ab Anfang 1941 unter, wird aber im Februar 1942 festgenommen und ins Lager Westerbork gebracht. Als im Juli 1942 von dort die Deportationen in die deutschen Konzentrationslager in Osteuropa beginnen, gelingt ihm die Flucht. Er arbeitet unter anderem als Kurier für den niederländischen Widerstand und wird erneut aufgegriffen. Bei der Gestapo, der ›Geheimen Staatspolizei‹, wird er auf schlimmste Weise gefoltert und kommt über verschiedene Stationen schließlich ins KZ Bergen-Belsen. Bei der Befreiung 1945 wiegt der junge Mann nur noch 27 Kilo. Es gelingt ihm, nach Palästina zu reisen, wo er den Vater als einzigen weiteren Überlebenden seiner Familie wiedertrifft. Ende der Fünfzigerjahre geht er von Israel vorübergehend in die Niederlande, um Biologie zu studieren. Dort lernt er seine Frau kennen und kehrt nach dem Studium nach Israel zurück. Nach seiner Pensionierung zieht Mosche Frank mit seiner Frau 1986 in die Niederlande um, wo er seitdem lebt. Cilly und ›Mo‹ sind noch heute befreundet.

7 Das jüdisch-orthodox geführte Israelitische Mädchen-Waisenhaus in der Rapenburger Straat 171 in Amsterdam hatte im Jahr 1936 sein 175-jähriges Bestehen groß gefeiert. Seit 1912 leitete die unverheiratete (*Juffrouw* = Fräulein) Rebecca Frank das Haus. Geplant für ursprünglich dreißig Mädchen, beherbergte das Heim Ende 1938, als Cilly und Jutta eintrafen, zwischen siebzig und achtzig Mädchen. Rebecca Frank war zu diesem Zeitpunkt bereits über sechzig Jahre alt und schwer zuckerkrank. Quelle: Lea Appel: Het brood der doden. Geschiedenis en ondergang van een joods meisjes-weeshuis, Maastricht 1982, besonders S. 52-58

8 Aus Korrespondenzen zwischen der Israelitischen Waisenanstalt in Frankfurt, dem Mädchen-Waisenhaus in Amsterdam sowie Vertretern der Jugend-Alijah in Amsterdam und Berlin, von denen Cilly und Jutta als Kinder kaum Kenntnis gehabt haben dürften, geht hervor, dass es Ella Schwarzstein (Tante Ella) im Juli 1939 noch gelungen war, zwanzig zusätzliche Zertifikate für Palästina zu bekommen, von

denen zwei ausdrücklich für Jutta und Cilly ausgestellt waren. Am 4. April 1940 wird schließlich mitgeteilt, dass die beiden Mädchen diese ihnen »bereits zugesprochenen« Zertifikate »durch die Auswanderung nach Holland aber nicht ausnutzen konnten«. Betsy Vromen-Snapper (Frau Vromen) vom Amsterdamer Mädchen-Waisenhaus versucht bis zum 20. Januar 1943 vergeblich, Cilly und Jutta die Auswanderung nach Palästina doch noch zu ermöglichen.

9 Wörtlich heißt es in dem Flugblatt, das zum Streik am 25. Februar 1941 in Amsterdam aufruft, unter anderem: »Protestiert gegen die schreckliche Judenverfolgung! Die Nazis haben Samstag und Sonntag wie Bestien in den Stadtteilen mit viel jüdischer Bevölkerung gehaust ... sie stürzten sich als bewaffnete Übermacht auf wehrlose Männer, Frauen und Kinder. Hunderte junge Juden wurden mit rauer Gewalt und vollkommen willkürlich von der Straße in Gefängniswagen geschleppt und zu einem noch unbekannten Schreckensort gebracht ... STREIKT! STREIKT! STREIKT! Organisiert in allen Betrieben einen Proteststreik! Kämpft einig gegen den Terror! Fordert die unmittelbare Freilassung aller festgenommenen Juden! Seid solidarisch mit dem schwer getroffenen jüdischen Teil des arbeitenden Volkes! Schützt die jüdischen Kinder vor der Nazi-Gewalt und nehmt sie in euren Familien auf!« Quelle: de Jong, Lou: De bezetting, Amsterdam 1985, S. 160-161

10 Henriette H. Pimentel leitete seit 1926 die *Crèche* in der Amsterdamer Plantage Middenlaan 31, wo die als modern geltende Einrichtung zwei Jahre vorher ihre Türen geöffnet hatte. In drei Altersgruppen, von Säuglingen bis zu den Sechsjährigen, wurden hier zwischen 100 und 125 Kinder vor allem aus armen Elternhäusern der Umgebung, in denen die Mütter tagsüber mitverdienen mussten, versorgt. In dieser Zeit waren etwa drei Viertel der Kinder jüdisch, sodass auch koscher gekocht wurde und das Haus am Samstag geschlossen war. Ab Ende 1941 durften nur noch

jüdische Kinder die *Crèche* besuchen. Quelle: van Wijn-
gaarden, Janwouter: De hulp aan Joodse kinderen (Examensarbeit), Hekendorp 1990, S. 6-7

11 Der Jüdische Rat in Amsterdam war das oberste Gremium
der jüdischen Gemeinde, der von den Deutschen ausdrücklich eingestellt und ermächtigt worden war, alle adminis-
trativen Angelegenheiten der Juden zu regeln. Faktisch
war der Jüdische Rat zumeist gezwungen, die Befehle der
deutschen Autoritäten auszuführen. Gleichwohl gab es
Mitarbeiter im Jüdischen Rat, die genau hier die einzige
Möglichkeit sahen, in konkreten Fällen zumindest einigen
bedrohten Menschen zu helfen. Sowohl während des Krieges als auch nach dem Kriege blieb die Rolle des Jüdischen
Rates umstritten.

12 Das Lager Westerbork im Norden der Niederlande war
bereits 1939 von der niederländischen Polizei als Durch-
gangslager für jüdische Flüchtlinge aus Deutschland errich-
tet worden. Ab 18. Mai 1940 wurde es von den deutschen
Besatzern übernommen. Von anfangs rund 1 500 wuchs die
Aufnahmekapazität bis Ende 1942 auf rund 10 000 Personen, wobei hier nun auch Roma und Sinti (›Zigeuner‹)
gefangen gehalten wurden. Ab Juli 1942 begannen die Deportationen in die deutschen Vernichtungslager in Osteuropa. Von den etwa 69 000 Deportierten sind rund 68 000
ermordet worden. Zur Bewachung des Lagers wurde vor-
wiegend niederländische Polizei eingesetzt.

13 Wörtlich aus dem Niederländischen übersetzt nach einer
Sonderausgabe des vom Jüdischen Rat zwangsweise ver-
öffentlichten ›Jüdischen Wochenblatts‹ vom 7. 8. 1942 (24
Menachem 5702), vgl. auch: de Jong, Lou: De bezetting,
Amsterdam 1985, S. 376

14 Über die Abholung im Waisenhaus berichtet Jutta Rosen-
Levitus in ihrem Buch ›Jutta – Te midden van vreemden‹,
Haifa 2001, hier zitiert nach der deutschsprachigen Manuskriptfassung, S. 6: »Eines Morgens kamen dann schließlich die Deutschen in unser Heim. Gingen rauf in unsere

Schlafzimmer und sagten, wir sollten uns anziehen. Wir zogen doppelte Kleider an, damit wir mehr Platz im Rucksack hatten. Auch zogen wir unsere braunen Strümpfe unter den schwarzen an. Wir wussten jetzt, dass unsere Zeit gekommen war. Wir lachten und machten Witze unter uns. Alles taten wir, nur um ihnen nicht zu zeigen, dass wir Angst hatten. Was hatten wir noch zu verlieren?«

Betsy Vromen-Snapper (Frau Vromen), die überlebt hat, sagt im Buch von Lea Appel (1982, S. 108, siehe Literaturliste) aus: »An der Panamakade wurden wir in einen Zug gestopft und es wurde deutlich, dass außer unserem Waisenhaus noch vier weitere abgeholt worden waren, die alle nach Westerbork gebracht werden sollten. Noch dürfen Menschen bis an den Zug kommen, und als klar wird, dass es noch keine Bewachung gibt, können auch hier noch viele Kinder entkommen. Nach einer Stunde kommt die Bewachung dann doch und die Gelegenheit zum Flüchten ist vorbei. Im Zug ist jemand vom Jüdischen Rat, der mich sprechen will. Ich bitte ihn, alles zu tun, um unsere Direktorin, eine Frau von 68 Jahren, rauszuholen. Aber das glückt nicht. Abends um 8 Uhr fährt der Zug ab und von den 103 Kindern, die morgens im Waisenhaus waren, gehen noch 63 mit nach Westerbork. Zusammen mit dem Personal besteht unsere Gruppe aus 70 Personen ...«

Von diesen Kindern sind die meisten, auch die Direktorin Rebecca Frank, in den Vernichtungslagern der Nazis ermordet worden.

15 Im Neubauviertel am Merwedeplein 37 (2. Stock links) wohnte Anne Frank mit ihrer Schwester Margot und ihren Eltern von Ende 1933 bis zum Juli 1942, als die Familie ins Versteck im Hinterhaus an der Prinsengracht 263 ging. Als Cilly, damals 16 Jahre, im Februar 1943 in die Niersstraat zog, war Anne Frank bereits untergetaucht.

16 Jakov hieß eigentlich Heinz Landwirth, war 1927 in Wien geboren, 1938 wie Cilly in die Niederlande gekommen und nannte sich hier Jakov. Sein späterer Untertauchna-

me wurde ›Jan Gerrit Overbeek‹. Er träumte bereits damals davon, Schriftsteller zu werden. Er veröffentlichte nach dem Krieg zunächst in Palästina/Israel und ab 1963 in England unter dem Künstlernamen Jakov Lind mehrere Bücher, die zum Teil auch ins Deutsche übersetzt wurden. Er beschreibt seine Erinnerungen an die erste Liebe in seinem Buch ›Selbstporträt‹ (siehe Literaturliste) anders als Cilly. Auch erinnert er sich nicht mehr, solche Briefe, wie die hier und im Folgenden zitierten, jemals geschrieben zu haben. Cilly hat sie bis heute aufgehoben.

17 Bis 1993 war der Name des ehemaligen SS-Mannes Alfons Zündler weitgehend unbekannt. Erst durch einen Film der niederländischen Journalistin Elma Verhey, die gemeinsam mit Cilly den schwer kranken alten Mann Anfang der Neunzigerjahre in München aufspürte, und durch weitere Überlebende, die wie Cilly ihren Dank an Zündler durch eine Anerkennung der israelischen Gedenkstätte Yad Vashem zum Ausdruck bringen wollten, brach eine heftige Diskussion los, die bis heute die Geister, nicht nur in der jüdischen Gemeinde der Niederlande, scheidet: Konnte ein SS-Mann, dessen Aufgabe in der Überwachung der Deportation tausender Juden bestand, eine Ehrung als ›Gerechter unter den Völkern‹ erhalten, selbst wenn er einigen zur Flucht verholfen haben mochte? Andererseits: War es nicht ein besonders beeindruckendes Beispiel von Menschlichkeit, wenn ein junger Mann, der als Mitglied der Danziger Polizei unfreiwillig der Watten-SS eingegliedert worden war, dort, wo es ihm möglich gewesen war, nachweislich aktive Fluchthilfe geleistet hatte? Im Mai 1943, nicht lange nach der Begegnung mit Cilly, wurde Alfons Zündler wegen angeblicher ›Judenbegünstigung‹ verhaftet, zum Tode verurteilt, wegen einer früheren Kriegsverletzung aber begnadigt und ins KZ Dachau geschickt. Er selbst bemühte sich nach dem Krieg um die Beschaffung seiner Gerichtsunterlagen bei der niederländischen Regierung, die aber bis heute verschwunden blieben. Im Rahmen der Diskussion

217

über eine mögliche Ehrung Zündlers hatte sich ein Gegen-Komitee gebildet, das sie um jeden Preis verhindern wollte. Anfang 1995 entschied die Gedenkstätte Yad Vashem, dass Alfons Zündler keine Ehrung, sondern lediglich einen Dankbrief der Überlebenden erhalten solle. Die Gruppe seiner Unterstützer hatte ihm bereits zu seinem 75. Geburtstag 75 Bäume in Israel gepflanzt. Im Januar 1996 starb Alfons Zündler mit 77 Jahren in München (siehe Literaturliste).

18 Diese Aussage basiert auf der deutschsprachigen Manuskriptfassung der Erinnerungen von Jutta Rosen-Levitus, S. 10 (siehe auch ihre niederländische Publikation in der Literaturliste).

19 Von den rund 4500 jüdischen Kindern, die während des Krieges in den Niederlanden durch ›Untertauchen‹ gerettet werden konnten, begannen etwa 1000 Kinder (nach früheren Schätzungen) bzw. etwa 600 (nach jüngsten Forschungsergebnissen, vgl. Flim, Bert Jan 1996, S. 122) ihre Flucht von der *Crèche* aus. Dies war zweifelsohne auch der Kooperation der *Directrice* Henriette H. Pimentel und Walter Süskinds mit dem niederländischen Widerstand zu verdanken. Henriette H. Pimentel wurde bei der ›geschlossenen Abholung‹ der *Crèche* am 23. Juli 1943 ebenfalls nach Westerbork verbracht. Walter Süskind wurde Ende September 1943 verhaftet und gemeinsam mit seiner Frau und seiner kleiner Tochter deportiert. Weder Henriette H. Pimentel noch die Familie Süskind kehrten aus den Vernichtungslagern der Nazis zurück.

20 Über sexuelle Belästigungen bis hin zu Vergewaltigungen jüdischer Mädchen, Jungen und Frauen, die untergetaucht waren, durch ihre ›Helfer‹ gibt es bislang nach Auskunft des ›Niederländischen Instituts für Kriegsdokumentation‹ (NIOD) in Amsterdam keine namentlich dokumentierten Fälle. Wohl aber wird der Tatbestand anonym mehrmals in der Untersuchung von Bloeme Evers-Emden und Bert Jan Flim angeführt: ›Ondergedoken geweest. Een afgeslo-

218

ten verleden?‹ (Untergetaucht gewesen. Eine abgeschlossene Vergangenheit?), Kampen 1995. Sie basiert auf der Befragung von 321 Teilnehmerinnen und Teilnehmern der Konferenz ›Das untergetauchte Kind‹ 1992 in Amsterdam. In ihrer Auswertung schreiben die Autoren, dass rund 18 Prozent der Befragten »mäßige bis sehr schlechte Erfahrungen« mit ihren Pflegeeltern während des Untertauchens machten: »Selbstverständlich waren auch nicht alle Untertauch-Eltern Pädagogen. Manchmal kam auch Sadismus vor oder sexuelle Belästigung ...« (S. 58) Von den 36 Prozent der Befragten, die nach der Befreiung ihren Pflegeeltern etwas vorzuwerfen hatten (in der Regel, ohne dies auszusprechen), wurden als Gründe angegeben: »Benachteiligung gegenüber den anderen Kindern der Familie, verschiedene Formen der Misshandlung, intime Berührungen, Antisemitismus.« (S. 91) Eine Befragte sagt aus: »Ich denke nicht, dass sie wirklich an mir gehangen haben. Vielleicht an den Sexspielchen, die ich mitmachen musste, und dann am Putzen, das ich niemals zu ihrer Zufriedenheit tun konnte.« (S. 78).

21 Zitiert nach: Rosen-Levitus, Jutta: Jutta – Te midden van vreemden, Haifa 2001, S. 108

LITERATUR

Cilly (Cäcilie) Levitus-Peiser wird in zahlreichen Veröffentlichungen in deutscher, niederländischer und englischer Sprache erwähnt. Hier eine Auswahl der Publikationen, die ich während der Arbeit am Buch benutzte:

Appel, Lea: Het brood der doden. Geschiedenis en ondergang van een joods meisjes-weeshuis, Maastricht 1982, S. 96-97 (als Zeugin ohne Namensnennung)

Flim, Bert Jan: Omdat hun hart sprak. Geschiedenis van de georganisieerde hulp aan Joodse kinderen in Nederland 1942-1945, Kampen 1996, S. 127

Houwink ten Cate, Johannes 2001: Jewish Refugees in the Netherlands and the Art of Survival, in: Hammel, Andrea u.a. (Hg.): Writing after Hitler: The Work of Jakov Lind, Cardiff 2001, S. 29-40

Krohn, Helga u.a. (Hg.): Vor den Nazis gerettet. Eine Hilfsaktion für Frankfurter Kinder 1939/40, Frankfurt/M. 1995, S. 46-51 (über die Mutter und Schwester Hanna)

Lind, Jakov: Selbstporträt, Frankfurt/M. 1970, S. 80-83, 98, 113, 127, 140, 165

Ludwig, Eva: Cäcilie Peiser – meine Erinnerungen. Feature des Hessischen Rundfunks vom 11. März 1995 (Manuskriptfassung)

Massey, Paul / Morley, John David: »The nicest SS man imaginable« (über Alfons Zündler), TIMES Magazine vom 4. Juni 1994, S. 16-20

Peiser-Levitus, Cäcilie: Memories of Survival in the Netherlands, in: Hammel, Andrea u.a. (Hg.): Writing after Hitler: The work of Jakov Lind, Cardiff 2001, S. 193-198

Richardi, Hans-Günter: Alfons Zündler – ein »Schindler« in München. SZ-Interview mit einem ehemaligen SS-Mann, der 400 Juden vor dem Tode bewahrte, in: Süddeutsche Zeitung, 6. April 1994

220

Rosen-Levitus, Jutta: Jutta – Te midden van vreemden, Selbstverlag, Haifa 2001

Schellekens, Mark: Op zoek naar Walter Süskind (Examensarbeit), Amsterdam 1992, S. 39, 52

Verhey, Elma: Om het joodse kind, Amsterdam 1991, S. 37, 130

Verhey, Elma: Het Oog van de Naald, Dokumentation des niederländischen Fernsehens, Niederlande 1993 (deutsche Fassung als Video: Das Nadelöhr)

Wiedemann, Erich: »Er hatte so gütige Augen« (über Alfons Zündler), in: Der Spiegel, 4. April 1994, S. 94-97

Bildquellen

Cilly Levitus-Peiser, Langen: 13, 14, 21, 24, 26, 52, 79, 89, 97, 136, 150, 176, 182, 185, 193

Dr. Lutz van Dijk, Amsterdam/Kapstadt: 198

Jüdisches Museum, Frankfurt/Main: 28, 44

Yad Vashem Archiv, Jerusalem: 42

Niederländisches Institut für Kriegsdokumentation (NIOD), Amsterdam: 115

Die Zahlenangaben beziehen sich auf die entsprechenden Seiten im Buch.

© Perry Tsang, Amsterdam

Lutz van Dijk, Dr. phil., geboren 1955 in Berlin, war mehrere Jahre Lehrer in Hamburg und später Mitarbeiter des Anne-Frank-Hauses in Amsterdam. Er ist heute freier Schriftsteller und Mitbegründer von HOKISA (*Homes for Kids in South Africa*), einer Organisation, die sich für von HIV/AIDS betroffene Kinder und Jugendliche engagiert. Er lebt in Amsterdam und Kapstadt. Sein Jugendbuch ›Township Blues‹, erschienen bei Elefanten Press und mit dem Gustav Heinemann Friedenspreis ausgezeichnet, wird inzwischen in englischer Übersetzung an vielen Schulen in Südafrika gelesen.

Weitere Lebensgeschichten Jugendlicher aus der NS-Zeit von Lutz van Dijk:
· *Der Attentäter* (Herschel Grynszpan und die Pogromnacht 1938), Reinbek 1988
· *Verdammt starke Liebe* (Die wahre Geschichte von Stefan K. und Willi G.), München 2001 (aktualisierte Neuauflage)
· *Der Partisan* (Der Widerstand des jungen Dichters Hirsch Glik im Ghetto Wilna), München 2002 (aktualisierte Neuauflage)

Ebenfalls für Jugendliche:
· *Die Geschichte der Juden*, Frankfurt 2001
· *Homosexuelle – Zwischen Todesstrafe und Emanzipation*, München 2001

DANKSAGUNG

Dank gebührt an erster Stelle Cilly Levitus-Peiser für die ver-
trauensvolle Zusammenarbeit beim Schreiben des Buches. Immer war sie bemüht, sich so genau wie möglich an die zum Teil
lange zurückliegenden Erlebnisse zu erinnern, Dokumente und
Fotos zu beschaffen und Kontakte zu anderen Zeitzeugen zu
ermöglichen. Auch gewährte sie mir uneingeschränkt Einblick
in ihre Tagebücher.

Dr. Helga Krohn vom Jüdischen Museum in Frankfurt am
Main stand vom ersten Moment an als fachkundige Beraterin
zur Verfügung und begleitete die Erstellung des Manuskripts
mit fachlich wie menschlich engagierter Unterstützung.

Zu danken ist ferner der Journalistin Eva Ludwig (Frankfurt am Main), die ausführliche Texte von Interviews, die sie
mit Cilly Levitus-Peiser bereits vor einigen Jahren geführt hatte, freundlicherweise zur Verfügung stellte.

Für Beratung, Kritik und andere Unterstützung danke ich
dem Direktor des Jüdischen Museums, Georg Heuberger
(Frankfurt am Main), der Tochter von Cilly Levitus-Peiser Rina Nentwig (Frankfurt am Main), Cillys Schwester Jutta Rosen-Levitus (Haifa) sowie David Barnouw (Niederländisches
Institut für Kriegsdokumentation / NIOD, Amsterdam), Rozet-
te Kats (Jüdische Kriegskinder / JOK, Amsterdam), Elma Verhey (Amsterdam), Menno Metselaar (Haarlem) und Perry
Tsang (Amsterdam).

Die Arbeit am Manuskript wurde unter anderem ermög-
licht durch einen Werkvertrag mit dem Jüdischen Museum in
Frankfurt am Main.

Lutz van Dijk, Kapstadt, im März 2002

Lutz van Dijk
Homosexuelle
Zwischen Todesstrafe
und Emanzipation
ISBN 3-570-14612-X

In wenigen Ländern dürfen Homosexuelle heiraten. In vielen werden sie verfolgt. In manchen droht ihnen gar die Todesstrafe, nur weil sie Menschen ihres eigenen Geschlechts lieben. Mark, 17, muss miterleben, wie er und sein Freund in einer belebten Hamburger Fußgängerzone zusammengeschlagen werden, weil sie schwul sind. Mary, 22, ist lesbisch und muss aus ihrer Heimat Simbabwe fliehen, nachdem ihre Familie sie verstoßen hat. Ihre Geschichten stehen für viele, die keine Wahl haben, als den Mund aufzumachen, wenn sie für ihre Form der Liebe einstehen wollen.

Ein Sachteil informiert über die Geschichte der Homosexuellenverfolgung in Deutschland und anderswo, über die verschiedenen Formen der sexuellen Orientierung, über die aktuelle Situation der Homosexuellen in der ganzen Welt, über ihre Verfolgung, aber auch über die Geschichte ihrer Emanzipation, die Schwulenbewegung und über humanitäre Organisationen, die gegen die Verfolgung Homosexueller kämpfen und sich für die Opfer engagieren.